CRIMES
EM ESPÉCIE

SÉRIE ESTUDOS JURÍDICOS: DIREITO CRIMINAL

inter
saberes

Carla Juliana Tortato

Rua Clara Vendramin, 58 . Mossunguê . Cep 81200-170 . Curitiba . PR . Brasil
Fone: (41) 2106-4170 . www.intersaberes.com.br . editora@editoraintersaberes.com.br

Conselho editorial Dr. Ivo José Both (presidente), Drª. Elena Godoy, Dr. Neri dos Santos, Dr. Ulf Gregor Baranow ▪ **Editora-chefe** Lindsay Azambuja ▪ **Gerente editorial** Ariadne Nunes Wenger ▪ **Assistente editorial** Daniela Viroli Pereira Pinto ▪ **Preparação de originais** Ana Maria Ziccardi ▪ **Edição de texto** Monique Francis Fagundes Gonçalves ▪ **Capa** Luana Machado Amaro ▪ **Projeto gráfico** Mayra Yoshizawa ▪ **Diagramação** Charles L. da Silva ▪ **Designer responsável** Charles L. da Silva ▪ **Iconografia** Regina Claudia Cruz Prestes

Dados Internacionais de Catalogação na Publicação (CIP)
(Câmara Brasileira do Livro, SP, Brasil)

Tortato, Carla Juliana
   Crimes em espécie/Carla Juliana Tortato. Curitiba: InterSaberes, 2021. (Série Estudos Jurídicos: Direito Criminal)

   Bibliografia.
   ISBN 978-65-5517-820-3

   1. Direito 2. Direito penal – Brasil I. Título II. Série.

20-48266   CDD-343

Índices para catálogo sistemático:
1. Direito penal   343

Aline Graziele Benitez – Bibliotecária – CRB-1/3129

1ª edição, 2021.

Foi feito o depósito legal.

Informamos que é de inteira responsabilidade da autora a emissão de conceitos.

Nenhuma parte desta publicação poderá ser reproduzida por qualquer meio ou forma sem a prévia autorização da Editora InterSaberes.

A violação dos direitos autorais é crime estabelecido na Lei n. 9.610/1998 e punido pelo art. 184 do Código Penal.

Capítulo 4
97 ▪ Crimes contra a liberdade individual
98 | Constrangimento ilegal
104 | Crime de ameaça
108 | Sequestro e cárcere privado

Capítulo 5
113 ▪ Crimes contra o patrimônio
114 | Furto
130 | Roubo
138 | Extorsão
143 | Extorsão mediante sequestro
147 | Extorsão indireta
151 | Apropriação indébita
157 | Apropriação indébita previdenciária
168 | Estelionato
174 | Receptação

Capítulo 6
183 ▪ Crimes contra a liberdade sexual
184 | Estupro
188 | Estupro de vulnerável
193 | Divulgação de cena de estupro ou de cena de estupro de vulnerável, de cena de sexo ou de pornografia

Capítulo 7
199 ▪ Dos crimes contra a fé pública
200 | Moeda falsa
206 | Falsidade ideológica
209 | Falsa identidade

Sumário

9 ▪ Apresentação

13 ▪ Introdução

Capítulo 1
17 ▪ Dos crimes contra a vida
22 | Homicídio simples
29 | Homicídio privilegiado
30 | Homicídio qualificado
36 | Feminicídio
40 | Homicídio doloso majorado
41 | Homicídio culposo
46 | Crime de induzimento, instigação ou auxílio a suicídio ou automutilação
52 | Aborto provocado pela gestante ou com seu consentimento

Capítulo 2
61 ▪ Das lesões corporais
65 | Lesão corporal

Capítulo 3
75 ▪ Crimes contra a honra
77 | Crime de calúnia
83 | Crime de difamação
86 | Crime de injúria

Capítulo 8
213 ▪ **Dos crimes contra a administração pública**
214 | Peculato
219 | Concussão
226 | Corrupção passiva
231 | Prevaricação
234 | Advocacia administrativa

Capítulo 9
239 ▪ **Dos crimes praticados por particular contra a administração em geral**
240 | Desacato
242 | Corrupção ativa

Capítulo 10
247 ▪ **Dos crimes contra a administração da justiça**
248 | Denunciação caluniosa
253 | Fraude processual

259 ▪ *Considerações finais*
263 ▪ *Referências*
277 ▪ *Sobre a autora*

Para minha família e para os alunos que conheci até aqui, pois são exemplos de luta e de perseverança em seus objetivos.

Apresentação

No transcorrer da escrita desta obra, almejamos estruturar os principais tipos penais, juntamente com suas particularidades, para proporcionar ao leitor o conhecimento sobre os tipos penais de mais importância e incidência no cotidiano da prática penal e o estudo atualizado com a mais recente jurisprudência.

A melhor forma de iniciar um trabalho é indicando as perguntas que ele busca responder. Em outras palavras, após a ocorrência de uma infração penal, como saber aplicar o tipo penal correto? Assim, nesta obra, almejamos que o leitor, por meio da análise do caso concreto e, com base na compreensão das características dos tipos penais, identifique a correta tipificação penal para o delito ocorrido. Por isso, ao final desta leitura, as leitoras e os leitores estarão capacitados para identificar, na prática forense, os delitos em suas singularidades, ou seja, a correta tipificação penal no caso concreto.

A missão de escolher os "principais" tipos penais para serem abordados no presente livro foi espinhosa, uma vez que todos os tipos penais são de extrema relevância para fins de estudos práticos e científicos do direito penal. As referidas abordagens técnicas basearam-se na pesquisa bibliográficas, artigos científicos e na jurisprudência dos Tribunais Superiores.

Para facilitar a compreensão, optamos pela igual ordem dos tipos penais apresentados pelo Código Penal Brasileiro – Decreto-Lei n. 2.848, de 7 de dezembro de 1940 (Brasil, 1940) –, abordando os selecionados de forma detalhada, porém esquematizada. O leitor observará uma idêntica estruturação das características do crime, bem como, ao final, e de forma individual ao tipo, um quadro sinóptico do tipo penal em questão.

Estruturamos este livro em dez capítulos. O primeiro deles está destinado aos crimes contra a vida, em que o bem jurídico a ser tutelado é a vida humana. O homicídio, previsto no art. 121 do Código Penal brasileiro, é um crime cometido contra a vida, uma infração penal de bastante interesse por parte da comunidade acadêmica porque, motivado, muitas vezes, por razões imperscrutáveis, provoca dores profundas. Também, nesse capítulo, trataremos de feminicídio, suicídio e aborto.

A partir do segundo capítulo, iniciaremos os estudos sobre os crimes de lesões corporais, descritos no art. 129 do Código Penal brasileiro. A lesão corporal é definida como o "ato de ferir ou lesar a integridade física ou a saúde de outro ser humano, provocando alteração anatômica ou funcional". As modalidades de lesão corporal são leve, grave, gravíssima, seguida de morte, privilegiada e qualificada pela violência doméstica.

No terceiro capítulo, abordaremos os crimes contra a honra, em que o bem jurídico a ser tutelado é a honra objetiva e subjetiva do ser humano. Entende-se por honra objetiva o que o meio externo (relações humanas) compreende sobre vítima. A honra subjetiva compreende o que o indivíduo pensa sobre si mesmo, em linhas gerais.

No quarto capítulo, trataremos dos principais crimes contra a liberdade individual, ou seja, crimes que tutelam a liberdade de fazer ou não fazer o que a lei não proíbe ao indivíduo. No quinto capítulo, serão estudados os crimes contra o patrimônio, em que o bem jurídico tutelado é, justamente, o patrimônio alheio. Já no sexto capítulo, iniciaremos a análise dos crimes contra a liberdade sexual, em que o bem jurídico tutelado é a liberdade sexual em sentido amplo.

No sétimo capítulo, trataremos dos crimes contra a fé pública, cujo bem jurídico tutelado é a fé pública, como o próprio nome já aponta. No oitavo capítulo, abordaremos os crimes contra a administração pública, em que jurídico tutelado é a administração pública. Estudaremos também nesse capítulo os crimes praticados por funcionários públicos.

Já no nono capítulo, abordaremos os crimes praticados por particulares contra a administração em geral. Nesse capítulo, estudaremos os crimes praticados por particulares.

Por fim, no décimo capítulo, serão estudados os crimes contra a administração da justiça, quando o bem protegido juridicamente é a administração regular da justiça.

Há compreensões distintas entre os doutrinadores e tribunais no que diz respeito ao estudo da matéria de direito penal - parte especial. Assim, não são todos os pontos trazidos no presente trabalho que têm uma visão única e predominante na doutrina sobre os tipos penais abordados nesta obra. Por isso, a depender do autor que se estude, haverá uma interpretação distinta.

Nossa expectativa é que o leitor seja seduzido pelo tema e que, cada vez mais, encurte o espaço compreendido entre a prática forense e a teoria. Dessa forma, amplie seu conhecimento por meio de provocações, de inquietações, a fim de assentar as bases necessárias para a prática, atual e futura, do direito penal.

Bons estudos!

Introdução

O Código Penal brasileiro foi instituído pelo Decreto-Lei n. 2.848, de 7 de dezembro de 1940 (Brasil, 1940), portanto há 81 anos. Atualmente, somando todos os tipos penais descritos nele aos das legislações especiais, ou extravagantes, temos, no Brasil, quase 2 mil tipos penais: mais de 2 mil tipos de modelos de comportamento – humano – proibido.

Em razão do "tempo", o Código Penal sofreu inúmeras alterações para se adequar às mudanças e às necessidades sociais, por exemplo, existia o tipo penal do crime de adultério, descrito no antigo art. 240, o qual foi revogado em 2005.

Sobre o direito penal – parte especial –, pela sua especificidade, é notório que ele deve ser a última esfera jurídica a ser invocada como meio de resolução de problemas, ou seja, é considerado a última *ratio*. Isso implica afirmar que, quando as outras esferas jurídicas não são suficientes para resolver determinado problema das relações humanas, o direito penal poderá interferir, é o princípio da intervenção mínima estatal para proteger os bens jurídicos em questão potencialmente afetados por um terceiro indivíduo.

Desse modo, o direito penal pode ser visto como um escudo do cidadão frente aos abusos perpetrados contra os seus bens jurídicos, bem como serve de proteção ao próprio cidadão, visto que as condutas reprováveis definidas em lei têm a função primordial de delimitar a atuação do Estado frente à sociedade. Em outras palavras, somente será imputada uma infração penal ao cidadão se ela, ao tempo da ação ou omissão, estiver prevista em lei.

Assim, observamos o princípio da legalidade, o qual abrange ampla garantia em duas perspectivas: uma, a do agente público, que só pode fazer o que está previsto em lei; a segunda, a do particular (e agente público, também, na esfera penal), que só pode fazer o que a lei não prescreve.

Ainda sobre o princípio da legalidade, o art. 1º do Código Penal descreve que: "não há crime sem lei anterior que o defina. Não há pena sem prévia cominação legal". Portanto, uma conduta só poderá ser considerada crime se, no tempo de sua realização, já era considerada infração penal pelo legislador.

Ademais, e de acordo com o princípio da reserva legal (legalidade em sentido estrito), em matéria penal, permite-se que apenas o legislador institua crimes e penas por leis, as quais devem seguir, devidamente, o procedimento legislativo contido da Constituição da República. Assim sendo, tratados, medidas provisórias e/ou decretos, por exemplo, não podem criar condutas típicas nem penas, pois há uma reserva legal no campo penal para esse procedimento.

Dessa forma, o direito penal ambiciona proteger os valores imprescindíveis para a sociedade se manter como tal, bem como os do indivíduo, portador de garantias e direitos individuais, como assim preconizados pela Constituição da República. Podemos citar, por exemplo, a vida, o patrimônio, a liberdade sexual, os quais são considerados bens jurídicos a serem tutelados pelo Estado.

Roxin (2008, p. 45) expõe o conceito de bem jurídico como realidades que são imperiosas para uma vida social, livre e segura, que garanta os direitos humanos e os fundamentais do indivíduo, para o funcionamento do sistema estatal concebido para esse fim.

A partir da compreensão da parte especial, ou seja, dos crimes em espécie, permite-se aos profissionais do direito a correta aplicação do tipo penal a conduta realizada pelo agente infrator, ou seja, a devida proteção estatal ao bem jurídico tutelado e potencialmente ofendido, com respeito aos princípios do Direito Penal e as regras processuais penais (princípio do devido processo legal).

Com esta breve noção introdutória acerca do direito penal, podemos iniciar a análise e estudo sobre os crimes em espécie.

Capítulo 1

Dos crimes contra a vida

O homicídio, previsto no art. 121 do CP brasileiro (Brasil, 1940), é um crime cometido contra a vida, o bem mais precioso da humanidade.

Esse tipo de crime é uma a infração penal que desperta muito interesse na comunidade acadêmica, uma vez que, muitas vezes, é motivado por paixões humanas avassaladoras e, ao mesmo tempo, provoca as mais profundas dores pela perda de um ente querido.

O leitor deve atentar que o conceito de homicídio o define como a supressão, de forma extrauterina, da vida humana praticada por outro ser humano. De acordo com Masson (2020, p. 11), esse conceito permite a seguinte conclusão: "a eliminação da vida humana não acarreta a automática tipificação do crime de homicídio", pois, se a vida foi intrauterina, estará caracterizado o delito de aborto. A vida extrauterina inicia-se através do parto.

Importante mencionarmos a Lei n. 8.072, de 25 de julho de 1990 (Brasil, 1990), que trará as hipóteses a respeito de quando o homicídio será considerado crime hediondo: "homicídio (art. 121), quando praticado em atividade típica de grupo de extermínio, ainda que cometido por um só agente, e homicídio qualificado (art. 121, § 2º, incisos I, II, III, IV, V, VI, VII e VIII)" (Brasil, 1990, art. 1, inciso I).

As diversas modalidades de homicídio presentes no atual CP são:

- doloso simples (*caput*);
- doloso privilegiado (parágrafo 1º);

- doloso qualificado (parágrafo 2º);
- culposo (parágrafo 3º);
- culposo majorado (parágrafo 4º, primeira parte);
- doloso majorado (parágrafo 4º, segunda parte, e parágrafo 6º)

Sempre que for praticado na modalidade dolosa, a competência para processamento e julgamento do feito será do Tribunal do Júri.

Vejamos, a seguir, o art. 121 do CP.

Art. 121. Matar alguém:
Pena – reclusão, de seis a vinte anos.

Caso de diminuição de pena
§ 1º Se o agente comete o crime impelido por motivo de relevante valor social ou moral, ou sob o domínio de violenta emoção, logo em seguida a injusta provocação da vítima, o juiz pode reduzir a pena de um sexto a um terço.

Homicídio qualificado
§ 2º Se o homicídio é cometido:
I – mediante paga ou promessa de recompensa, ou por outro motivo torpe;
II – por motivo fútil;
III – com emprego de veneno, fogo, explosivo, asfixia, tortura ou outro meio insidioso ou cruel, ou de que possa resultar perigo comum;

IV – à traição, de emboscada, ou mediante dissimulação ou outro recurso que dificulte ou torne impossível à defesa do ofendido;

V – para assegurar a execução, a ocultação, a impunidade ou vantagem de outro crime:

Pena – reclusão, de doze a trinta anos.

Feminicídio

VI – contra a mulher por razões da condição de sexo feminino;

VII – contra autoridade ou agente descrito nos artigos 142 e 144 da Constituição Federal, integrantes do sistema prisional e da Força Nacional de Segurança Pública, no exercício da função ou em decorrência dela, ou contra seu cônjuge, companheiro ou parente consanguíneo até terceiro grau, em razão dessa condição:

Pena – reclusão, de doze a trinta anos.

§ 2º A Considera-se que há razões de condição de sexo feminino quando o crime envolve:

I – violência doméstica e familiar;

II – menosprezo ou discriminação à condição de mulher.

Homicídio culposo

§ 3º Se o homicídio é culposo:

Pena – detenção, de um a três anos.

Aumento de pena

§ 4º No homicídio culposo, a pena é aumentada de 1/3 (um terço), se o crime resulta de inobservância de regra técnica de profissão, arte ou ofício, ou se o agente deixa de prestar imediato socorro à vítima, não procura diminuir as consequências do seu ato, ou foge para evitar prisão em flagrante. Sendo doloso o homicídio, a pena é aumentada de 1/3 (um terço) se o crime é praticado contra pessoa menor de 14 (quatorze) ou maior de 60 (sessenta) anos.

§ 5º Na hipótese de homicídio culposo, o juiz poderá deixar de aplicar a pena, se as consequências da infração atingirem o próprio agente de forma tão grave que a sanção penal se torne desnecessária.

§ 6º A pena é aumentada de 1/3 (um terço) até a metade se o crime for praticado por milícia privada, sob o pretexto de prestação de serviço de segurança, ou por grupo de extermínio.

§ 7º A pena do feminicídio é aumentada de 1/3 (um terço) até a metade se o crime for praticado:

I – durante a gestação ou nos 3 (três) meses posteriores ao parto;

II – contra pessoa menor de 14 (catorze) anos, maior de 60 (sessenta) anos, com deficiência ou portadora de doenças degenerativas que acarretem condição limitante ou de vulnerabilidade física ou mental;

III – na presença física ou virtual de descendente ou de ascendente da vítima;

IV – em descumprimento das medidas protetivas de urgência previstas nos incisos I, II e III do caput do art. 22 da Lei n. 11.340, de 7 de agosto de 2006.

Fonte: Brasil, 1940, grifo nosso.

Segundo Masson (2020, p. 10), é um crime contra a vida, com a seguinte classificação:

- crime simples;
- crime comum;
- crime material;
- crime de dano;
- crime comissivo (regra) ou omissivo impróprio (exceção);
- crime de forma livre;
- crime instantâneo ou de efeitos permanentes;
- crime unissubjetivo ou monossubjetivo (regra);
- crime plurissubsistente (regra);
- crime progressivo;
- crime não transeunte.

— 1.1 —
Homicídio simples

O delito de homicídio simples é o contido no *caput* do art. 121 do CP e prevê pena de reclusão de 6 a 20 anos.

Em regra, o crime de homicídio não é hediondo. Ele será considerado hediondo se for praticado em **atividade típica de grupo de extermínio**, mesmo que só por um agente, conforme o que dispõe a Lei n. 8.072/1990, art. 1º, inciso I, 1ª parte.

Entretanto, se um agente praticar o delito de homicídio em atividade típica de grupo de extermínio, sem a vontade política de realmente integrá-lo, mas com relevante valor social, estará caracterizado o delito de homicídio privilegiado descrito no art. 121, parágrafo 1º, do CP, o qual não é crime hediondo. Nesse sentido, segue a jurisprudência:

> Em verdade, a atividade típica de grupo de extermínio, mesmo sem a efetiva existência deste, normalmente enseja a aplicação da qualificadora do motivo torpe (art. 121, §2º, inc. I. Exemplo: matança generalizada de moradores de rua para valorização de uma área urbana. Nesse caso, o crime será hediondo (Lei 8.072/90, art. 1º, inc. I, *in fine*). Por outro lado, se um agente matar outras pessoas em atividade típica de grupo de extermínio, sem realmente integrá-lo, mas com relevante valor social, estará caracterizado o homicídio privilegiado (CP, art. 121, §1º), que não é crime hediondo. Exemplo: policial que, durante sua folga, sai à caça de ladrões que aterrorizavam uma pacata cidade, matando-os. (Masson, 2014a, p. 14)

— 1.1.1 —
Núcleo do tipo

O núcleo do tipo é o verbo. No delito de homicídio, o verbo é *matar*, logo o núcleo do tipo é matar.

O crime pode ser praticado por um agente ou mais, e por formas distintas de execução do crime de **ação** ou de **omissão**. O crime ainda pode ser praticado de forma direta ou indireta. É de forma **direta** quando o meio de execução é manuseado diretamente pelo agente, por exemplo, golpes com uma barra de ferro. E é de forma **indireta** quando o agente pratica o meio de execução de forma indireta, por exemplo, mata a vítima por meio do ataque de um cão feroz.

O delito de homicídio pode ser praticado, além das formas aqui descritas, também por meio de **relação sexual**[1], por exemplo, no caso da pessoa portadora do vírus HIV que transmite, dolosamente, ao seu companheiro, com o fim de matá-lo.

Ele também pode ser praticado por meios de execuções materiais ou morais. O meio de **execução material** é quando assola a integridade física do ofendido. Já o meio de **execução moral** é quando a morte é produzida por um trauma psíquico na vítima, por exemplo, nos casos de depressão que acarretam a morte em face do uso excessivo de medicamentos de ação controlada (Masson, 2020, p. 13).

— 1.1.2 —
Elemento subjetivo do tipo

O elemento subjetivo do tipo é o dolo, ou seja, o elemento volitivo consciente no intuito de praticar o tipo penal. O dolo pode ser direto ou eventual. Quando o agente quer o resultado, o **dolo** é **direto**. Quando o agente assume o risco de produzi-lo, o **dolo** é **eventual**. Ainda, o dolo (direto ou eventual) deve ser simultâneo à realização da ação típica (Prado, 2020, p. 397).

---

1   Ver *Habeas Corpus* n. 160.982/DF (Brasil, 2012b).

Vamos exemplificar com os crimes de trânsito que resultam em morte em razão de competição ilegal em via pública e embriaguez.

Com a entrada em vigor da Lei n. 12.971, de 9 de maio de 2014 (Brasil, 2014a), foram acrescidos dois parágrafos ao art. 308 da Lei n. 9.503, de 23 de setembro de 1997 – Código de Trânsito Brasileiro (Brasil, 1997), o qual tipifica a competição ilegal. Os dois parágrafos versam sobre a lesão corporal de natureza grave e da morte em virtude de competição ilegal ou demonstração de perícia em manobra de veículo automotor, ou seja, qualificando esse delito, cujo resultado o agente não quis nem assumiu o risco. Observamos que os parágrafos 1º e 2º tratam de qualificadoras do tipo.

> Art. 308. Participar, na direção de veículo automotor, em via pública, de corrida, disputa ou competição automobilística ou ainda de exibição ou demonstração de perícia em manobra de veículo automotor, não autorizada pela autoridade competente, gerando situação de risco à incolumidade pública ou privada:
>
> Penas – detenção, de 6 (seis) meses a 3 (três) anos, multa e suspensão ou proibição de se obter a permissão ou a habilitação para dirigir veículo automotor.
>
> § 1º Se da prática do crime previsto no caput resultar lesão corporal de natureza grave, e as circunstâncias demonstrarem que o agente não quis o resultado nem assumiu o risco de produzi-lo, a pena privativa de liberdade é de reclusão, de 3 (três) a 6 (seis) anos, sem prejuízo das outras penas previstas neste artigo.

§ 2º Se da prática do crime previsto no caput resultar morte, e as circunstâncias demonstrarem que o agente não quis o resultado nem assumiu o risco de produzi-lo, a pena privativa de liberdade é de reclusão de 5 (cinco) a 10 (dez) anos, sem prejuízo das outras penas previstas neste artigo. (Brasil, 1997)

Com relação ao delito de homicídio no trânsito conjugado com a embriaguez, a Lei n. 13.546, de 18 de dezembro de 2017 (Brasil, 2017a), encerrou os debates (lacuna) sobre esse tema com a alteração do art. 302 do Código de Trânsito:

Art. 302. Praticar homicídio culposo na direção de veículo automotor:

Penas – detenção, de dois a quatro anos, e suspensão ou proibição de se obter a permissão ou a habilitação para dirigir veículo automotor.

§1º No homicídio culposo cometido na direção de veículo automotor, a pena é aumentada de 1/3 (um terço) à metade, se o agente:

I – não possuir Permissão para Dirigir ou Carteira de Habilitação;

II – praticá-lo em faixa de pedestres ou na calçada;

III – deixar de prestar socorro, quando possível fazê-lo sem risco pessoal, à vítima do acidente;

IV – no exercício de sua profissão ou atividade, estiver conduzindo veículo de transporte de passageiros.

§ 3º Se o agente conduz veículo automotor sob a influência de álcool ou de qualquer outra substância psicoativa que determine dependência

Penas – reclusão, de cinco a oito anos, e suspensão ou proibição do direito de se obter a permissão ou a habilitação para dirigir veículo automotor. (Brasil, 1997)

Desse modo, a lei pune, com reclusão de cinco a oito anos, o agente que pratica o delito de homicídio involuntário durante a condução de veículo automotor sob a influência de álcool ou qualquer outra substância psicoativa que provoque dependência. O atual regramento afasta, de forma definitiva, a possibilidade de atribuição automática do dolo eventual ao motorista na condição de embriaguez, mas, se comprovado o dolo, o agente responderá por homicídio doloso contra a vida.

— 1.1.3 —
Sujeitos do crime

Pode ser sujeito do crime qualquer pessoa, de forma individual ou em duas ou mais pessoas, a praticar o delito do art. 121 do CP (Brasil, 1940).

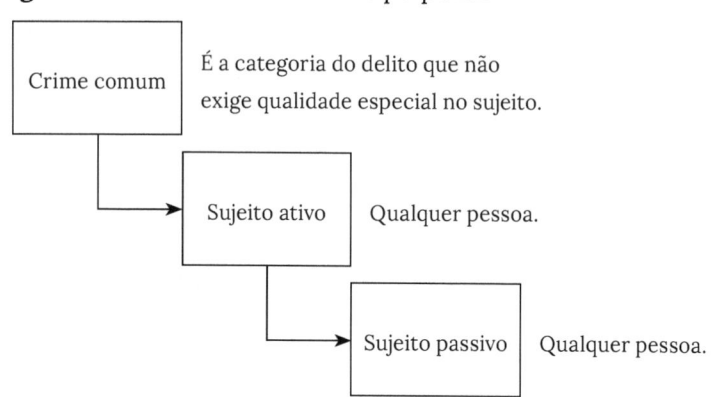

Figura 1.1 – Características do tipo penal

```
Crime comum ── É a categoria do delito que não
               exige qualidade especial no sujeito.
     │
     └──► Sujeito ativo    Qualquer pessoa.
              │
              └──► Sujeito passivo    Qualquer pessoa.
```

— 1.1.4 —
Objeto material e bem jurídico protegido do delito

Como define Greco (2015a, p. 136), "Objeto material do delito de homicídio é a pessoa contra a qual recai a conduta praticada pelo agente. O bem juridicamente protegido é a vida humana".

Nesse ponto, podemos questionar: O direito à vida é absoluto? A resposta é não, pois a Constituição da República de 1988 relativiza esse direito, de forma excepcional, nos casos de guerra declarada, nos termos do art. 84, inciso XIX, com a permissão da pena de morte (Brasil, 1988). Ademais, há as causas de justificação garantidas pelo Estado, por exemplo, a legítima defesa.

— 1.1.5 —
Consumação e tentativa

A consumação se dá com o resultado morte, e é perfeitamente admissível a tentativa por se tratar de crime material e plurissubsistente (fracionamento *iter criminis*).

Considera-se praticado o delito no momento da ação ou omissão, ainda que outro seja o momento do resultado, nos termos do art. 4º do CP (Brasil, 1940).

Quadro 1.1 – Sinopse do crime de homicídio

Núcleo do tipo:	matar alguém.
Elemento subjetivo do tipo:	o dolo, ou seja, é a vontade livre e consciente do agente.
Sujeito ativo:	qualquer pessoa (crime comum).
Sujeito passivo:	qualquer pessoa – "ser vivo nascido de mulher" (Greco, 2015a, p. 134).
Objeto material do delito:	"a pessoa contra a qual recai a conduta praticada pelo agente" (Greco, 2015a, p. 134).
Bem jurídico protegido:	a vida humana.

— 1.2 —
Homicídio privilegiado

O homicídio privilegiado está descrito no art. 121, parágrafo 1º, do CP (Brasil, 1940). É um caso de diminuição de pena que apresenta caráter subjetivo do agente, com diminuição de pena de um sexto a um terço em duas situações distintas: uma, relevante valor social ou moral; outra, domínio de violenta emoção. Vejamos:

> § 1º Se o agente comete o crime impelido por motivo de relevante valor social ou moral, ou sob o domínio de violenta emoção, logo em seguida a injusta provocação da vítima, o juiz pode reduzir a pena de um sexto a um terço. (Brasil, 1940)

No caso de **relevante valor social**, ou moral, não há necessidade de existência de injusta provocação por parte da vítima. É aquele pertinente a um interesse da coletividade.

Já o **domínio de violenta emoção**, ocorre logo em seguida à injusta provocação da vítima. É aquele pertinente a um interesse particular do agente.

— 1.3 —
Homicídio qualificado

Falar em crime qualificado implica dizer que existe uma modalidade mais grave daquele delito e que, por isso, sua pena será maior do que em sua modalidade simples. As qualificadoras são classificadas em qualificadoras de naturezas objetiva e subjetiva.

As **qualificadoras de natureza objetiva** referem-se ao meio escolhido pelo agente para a execução do crime. As **qualificadoras de natureza subjetiva** são intrínsecas ao agente, ou seja, a motivação que o levou a praticar aquele delito.

O homicídio qualificado está descrito no art. 121, parágrafo 2º, do CP, com pena de reclusão de 12 a 30 anos (Brasil, 1940). As hipóteses de modalidade de homicídio qualificado são as seguintes:

1) "mediante paga ou promessa de recompensa, ou por outro motivo torpe" (Brasil, 1940, art. 121, § 2º, inciso I).

Motivo torpe é aquele repugnante e moralmente reprovável. É uma qualificadora de natureza subjetiva. De acordo com Masson (2014a, p. 28-29), "ocorre quando o homicídio é caracterizado pelo homicídio mercenário, ou promessa de recompensa após a concretude do crime. É um crime plurissubjetivo, plurilateral ou de concurso necessário".

2) "por motivo fútil" (Brasil, 1940, art. 121, § 2º, inciso II).

Essa é uma circunstância qualificadora de natureza subjetiva. De acordo com Prado, Carvalho e Carvalho (2014, p. 638), quando o homicídio é caracterizado pela sua insignificância e desproporcional à natureza do crime: "flagrantemente desproporcional ou inadequado se cotejado com a ação ou a omissão do agente".

---

3) "com emprego de veneno, fogo, explosivo, asfixia, tortura ou outro meio insidioso ou cruel, ou de que possa resultar perigo comum" (Brasil, 1940, art. 121, § 2º, inciso III).

Essa é uma circunstância qualificadora de natureza objetiva. Nesse inciso, é necessária uma interpretação análoga, isto é, quando o legislador emprega a expressão *outro meio* significa que pode ser outro meio com natureza semelhante àqueles previstos no artigo. Masson (2020, p. 29-32) assim explica:

a. **emprego de veneno**: substância de origem química ou biológica capaz de provocar a morte;
b. **fogo**: resultado da combustão de produtos inflamáveis. Trata-se, em geral, de meio cruel;
c. **explosivo**: é o produto com capacidade de destruir objetos em geral:
d. **asfixia**: é a supressão da via respiratória;
e. **tortura**: é qualquer meio que gere dores ou sofrimentos agudos, físicos ou mentais a uma pessoa;
f. **outro meio insidioso**: é o uso de fraude para cometer o crime de homicídio sem que a outra pessoa perceba;

g. **outro meio cruel**: é aquele que provoca intenso sofrimento a vítima, seja físico ou mental;
h. **meio de que possa resultar perigo comum**: é aquele que expõe um número indeterminado de pessoas a uma situação de probabilidade de dano.

4) "à traição, de emboscada, ou mediante dissimulação ou outro recurso que dificulte ou torne impossível à defesa do ofendido" (Brasil, 1940, art. 121, § 2º, inciso IV).

Essa é uma circunstância qualificadora de natureza objetiva. Nesse caso, é necessária uma interpretação analógica, cujo significado já explicamos no item anterior. Masson (2020, p. 33-34) assim explica:

a. **traição**: pode ser física ou moral;
b. **emboscada**: é a "tocaia";
c. **dissimulação**: é a atuação disfarçada;
d. **outro recurso que impossibilite a defesa da vítima**: é uma fórmula genérica, por exemplo, os casos de linchamentos.

5) "para assegurar a execução, a ocultação, a impunidade ou vantagem de outro crime:

> Pena – reclusão, de doze a trinta anos" (Brasil, 1940, art. 121, § 2º, inciso V).

Essa é uma circunstância qualificadora de natureza subjetiva. Como já explicamos antes, está relacionada com a motivação do agente para garantir execução, ocultação, impunidade ou vantagem de outro crime.

Para finalizar o estudo do parágrafo 2º do art. 121 do CP identificaremos, no Quadro 1.2, quais são as qualificadoras de ordem/índole subjetiva e objetiva, o que implica sua comunicação, ou não, entre os agentes.

Quadro 1.2 – Sinopse da (in)comunicabilidade das qualificadoras

Qualificadoras →	
	Inciso I → Índole subjetiva (não se comunica/art. 30 CP)
	Inciso II → Índole subjetiva (não se comunica/art. 30 CP)
	Inciso III → Índole objetiva (se comunica/art. 30 CP)
	Inciso IV → Índole objetiva (se comunica/art. 30 CP)
	Inciso V → Índole subjetiva (não se comunica/art. 30 CP)
	Inciso VI → Índole subjetiva (não se comunica/art. 30 CP)
	Inciso VII → Índole subjetiva (não se comunica/art. 30 CP)

Fonte: Elaborado com base em Masson, 2020, p. 24-50.

A **pluralidade de qualificadoras é possível**. Se isso ocorrer, uma será considerada pelo juiz para qualificar o crime, e as outras serão consideradas como circunstâncias agravantes, se previstas em lei.

Ademais, é possível o **homicídio qualificado-privilegiado**, ou seja, é possível **a coexistência de circunstâncias privilegiadoras, todas de natureza subjetiva, com qualificadoras de natureza objetiva** (Cunha, 2019, p. 72).

O Superior Tribunal de Justiça manifestou o seguinte entendimento:

RECURSO ESPECIAL N. 1.851.764-RJ (2019/0362605-5) RELATORA: MINISTRA LAURITA VAZ RECORRENTE: MINISTÉRIO PÚBLICO DO ESTADO DO RIO DE JANEIRO RECORRIDO: JORGE LUIZ SILVA CARNEIRO ADVOGADO: ANTONIO CESAR RODRIGUES MAIA-RJ179447 DECISÃO Trata-se de recurso especial interposto pelo MINISTÉRIO PÚBLICO DO ESTADO DO RIO DE JANEIRO, com fundamento no art. 105, inciso III, alínea a, da Constituição Federal, contra acórdão proferido pelo Tribunal de Justiça daquela Unidade Federativa (Apelação Criminal n. 0407549-03.2014.8.19.0001). [...]1. **Conforme entendimento jurisprudencial desta Corte, existindo duas ou mais circunstâncias qualificadoras para o delito de homicídio cometido, uma qualificadora configura o homicídio qualificado, enquanto as demais podem configurar agravantes se houver expressado previsão legal ou circunstâncias judiciais desfavoráveis na primeira fase da dosimetria da pena**. Precedentes. 2. Agravo regimental desprovido." (AgRg no REsp 1.721.959/MG, Rel. Ministro JOEL ILAN PACIORNIK, QUINTA TURMA, julgado em 20/08/2019, DJe 29/08/2019; sem grifos no original.) "PENAL. AGRAVO REGIMENTAL NO RECURSO ESPECIAL. HOMICÍDIO QUALIFICADO. UTILIZAÇÃO DA QUALIFICADORA REMANESCENTE COMO

CIRCUNSTÂNCIA JUDICIAL DESFAVORÁVEL. POSSIBILIDADE. REGIME INICIAL DE CUMPRIMENTO DA PENA MAIS RÍGIDO JUSTIFICADO PELA FIXAÇÃO DA PENA-BASE ACIMA DO MÍNIMO LEGAL. 1. A jurisprudência desta Corte sedimentou-se no sentido de que, "no delito de homicídio, havendo pluralidade de qualificadoras, uma delas indicará o tipo qualificado, enquanto as demais poderão indicar uma circunstância agravante, desde que prevista no artigo 61 do Código Penal, ou, residualmente, majorar a pena-base, como circunstância judicial" (AgRg no REsp n. 1.644.423/MG, relatora Ministra MARIA THEREZA DE ASSIS MOURA, SEXTA TURMA, julgado em 7/3/2017, DJe 17/3/2017). [...] Ante o exposto, DOU PROVIMENTO ao recurso especial para restabelecer a incidência da agravante prevista no art. 61, inciso II, alínea c, do Código Penal e, por consequência, majorar a pena imposta ao Recorrido, nos termos desta decisão. Mantém-se, no mais, o acórdão recorrido. Publique-se. Intimem-se. EMENTA RECURSO ESPECIAL. PENAL. HOMICÍDIO QUALIFICADO. TRÊS QUALIFICADORAS. UTILIZAÇÃO COMO AGRAVANTE NA SEGUNDA FASE DA DOSIMETRIA. POSSIBILIDADE. PRECEDENTES. RECURSO ESPECIAL PROVIDO. Brasília (DF), 05 de março de 2020. MINISTRA LAURITA VAZ Relatora. (Brasil, 2020b, grifo nosso)

— 1.4 —

Feminicídio

Com o advento da Lei n. 13.104, de 9 de março de 2015 (Brasil, 2015a), foi inserido o inciso VI no art. 121 do CP, o qual fez constar o feminicídio, entendido como a morte de mulher em razão da condição do sexo feminino (leia-se, violência de gênero quanto ao sexo). A incidência dessa qualificadora implica na violência praticada contra a mulher, em um contexto de relação de poder e/ou submissão, que pode ser praticado por homem ou mulher sobre mulher em situação de vulnerabilidade (Cunha, 2019, p. 61).

Art. 121. Matar alguém:
[...]
Feminicídio (Incluído pela Lei n. 13.104, de 2015)
VI – contra a mulher por razões da condição de sexo feminino:
VII – contra autoridade ou agente descrito nos arts. 142 e 144 da Constituição Federal, integrantes do sistema prisional e da Força Nacional de Segurança Pública, no exercício da função ou em decorrência dela, ou contra seu cônjuge, companheiro ou parente consanguíneo até terceiro grau, em razão dessa condição:
Pena – reclusão, de doze a trinta anos.
§ 2º A Considera-se que há razões de condição de sexo feminino quando o crime envolve:
I – violência doméstica e familiar;
II – menosprezo ou discriminação à condição de mulher.

Fonte: Brasil, 1940.

Atente que o parágrafo 2º se refere a toda e qualquer relação íntima de afeto, não necessitando, obrigatoriamente, de coabitação do agente com a vítima para configurar o crime de feminicídio. É nesse sentido que segue a Súmula n. 600 do STJ, de 22 de novembro de 2017 (Brasil, 2017b): "Para configuração da violência doméstica e familiar prevista no art. 5º da Lei n. 11.340, de 7 de agosto de 2006, Lei Maria da Penha, não se exige a coabitação entre autor e vítima".

O Superior Tribunal de Justiça manifestou o seguinte entendimento sobre a possibilidade de coexistência de outras qualificadoras com o crime de feminicidio:

RECURSO ESPECIAL N. 1.846.116-RS (2019/0325763-1) RELATOR: MINISTRO LEOPOLDO DE ARRUDA RAPOSO (DESEMBARGADOR CONVOCADO DO TJ/PE) RECORRENTE: MINISTÉRIO PÚBLICO DO ESTADO DO RIO GRANDE DO SUL RECORRIDO: F V DOS S ADVOGADOS: RAFAEL RAPHAELLI-DEFENSOR PÚBLICO-RS032676 DEFENSORIA PÚBLICA DO ESTADO DO RIO GRANDE DO SUL ASSIST. AC: Y M DA L ADVOGADOS: ALEXANDRE OLIVEIRA SOARES DA SILVA E OUTRO (S)-RS026952 ALEXANDRE ROCHA CORDEIRO-RS072922 EMENTA PENAL. PROCESSO PENAL. RECURSO ESPECIAL. PRONÚNCIA. **HOMICÍDIO QUALIFICADO TENTADO. FEMINICÍDIO.** RECURSO MINISTERIAL. **QUALIFICADORA DE MOTIVO TORPE. QUALIFICADORA DE FEMINICÍDIO. BIS IN IDEM. NÃO OCORRÊNCIA. NATUREZA DISTINTA. MATÉRIA A SER DISCUTIDA PELO CONSELHO DE SENTENÇA.** SÚMULA 568/STJ. INCIDÊNCIA. RECURSO

ESPECIAL PROVIDO. DECISÃO [...] **As qualificadoras propostas na denúncia somente podem ser afastadas quando, de forma inequívoca, mostrarem-se absolutamente improcedentes. Caso contrário, havendo indícios da sua existência e incerteza sobre as circunstâncias fáticas, deve prevalecer o princípio in dubio pro societatis, cabendo ao Tribunal do Júri manifestar-se sobre a ocorrência ou não de tais circunstâncias. 4.** Hipótese em que o acórdão impugnado fundamentadamente faz referência às provas que indicariam que os crimes teriam sido praticados por motivo fútil, o que torna imperioso a manutenção da referida qualificadora, cabendo ao juiz natural da causa o exame dos fatos a justificar a sua incidência, sob pena de afronta à soberania do Tribunal do Júri. 5. Habeas corpus não conhecido"(HC 228.924/ RJ, Quinta Turma, Rel. Min. Gurgel de Faria, DJe 09/06/2015). Dessa feita, estando o v. acórdão prolatado pelo eg. Tribunal a quo em desconformidade com o entendimento desta Corte de Justiça quanto ao tema, incide, no caso o enunciado da Súmula n. 568/STJ, in verbis:"[o] relator, monocraticamente e no Superior Tribunal de Justiça, poderá dar ou negar provimento ao recurso quando houver entendimento dominante acerca do tema". Ante o exposto, com fulcro no art. 255, § 4º, inciso III, do Regimento Interno do STJ, dou provimento ao recurso especial, nos termos da fundamentação retro, para cassar o acórdão recorrido e restabelecer a decisão proferida pelo MM. Juízo de primeiro grau. P. e I. Brasília (DF), 12 de dezembro de 2019. MINISTRO LEOPOLDO DE ARRUDA RAPOSO (DESEMBARGADOR CONVOCADO DO TJ/PE) (Brasil, 2019b, grifo nosso).

> Importante: O Superior Tribunal de Justiça também entende que o homicídio qualificado-privilegiado **não é considerado crime hediondo**[12] (Brasil, 2010a).

Ainda na condição de qualificadora, observamos que o inciso VII do art. 121 do CP versa sobre o crime de homicídio qualificado praticado contra agentes ou autoridades da segurança pública:

> VII – contra autoridade ou agente descrito nos arts. 142 e 144 da Constituição Federal, integrantes do sistema prisional e da Força Nacional de Segurança Pública, no exercício da função ou em decorrência dela, ou contra seu cônjuge, companheiro ou parente consanguíneo até terceiro grau, em razão dessa condição: (Brasil, 1940, art. 121, § 2º, inciso VII)

— 1.5 —
Homicídio doloso majorado

A possibilidade de homicídio (simples, privilegiado ou qualificado) na modalidade doloso majorado consta no parágrafo 4º do art. 121 do CP (Brasil, 1940), ou seja, é o caso de aumento de pena se praticado contra pessoa menor de 14 anos ou maior de 60 anos.

---

2   *Habeas Corpus* n. 153.728/SP, de 13 de abril de 2010 (Brasil, 2010a).

Dois requisitos são necessários para a incidência do parágrafo 4º: primeiro, o conhecimento do agente quanto à idade da vítima; segundo, que se considere a idade da vítima na data da prática do crime.

— 1.6 —
Homicídio culposo

É um tipo penal aberto, como, normalmente, são os crimes culposos. A culpa constitui um elemento normativo do tipo. Sua presença deve ser alcançada por meio de um juízo de valor (Masson, 2014a, p. 49).

É considerado crime de homicídio culposo quando o agente tem uma conduta voluntária, com violação do dever objetivo de cuidado (imprudência, negligência e imperícia) e produz o resultado morte que não foi preterido pelo agente. A pena é de um a três anos de detenção.

Quadro 1.3 – Homicídio culposo

Imprudência	Consiste na prática de um ato perigoso.
Negligência	Significa deixar de fazer aquilo que, cautelosamente, se devia ter feito.
Imperícia	É a falta de aptidão para alguma atividade ou exercício de uma profissão.

Existem **causas de aumento de pena no homicídio culposo**, como prescreve o art. 121, parágrafo 4º, do CP (Brasil, 1940):

§ 4º No homicídio culposo, a pena é aumentada de 1/3 (um terço), se o crime resulta de inobservância de regra técnica de profissão, arte ou ofício, ou se o agente deixa de prestar imediato socorro à vítima, não procura diminuir as consequências do seu ato, ou foge para evitar prisão em flagrante. Sendo doloso o homicídio, a pena é aumentada de 1/3 (um terço) se o crime é praticado contra pessoa menor de 14 (quatorze) ou maior de 60 (sessenta) anos.

Podemos elencar as causas de aumento de pena como:

a. inobservância de regra técnica de profissão, arte ou ofício;
b. deixar de prestar imediato socorro à vítima;
c. não procurar diminuir as consequências do seu ato;
d. fugir para evitar prisão em flagrante.

No parágrafo 5º do mesmo tipo penal, configura-se a hipótese de **possibilidade de perdão judicial**: "Na hipótese de homicídio culposo, o juiz poderá deixar de aplicar a pena, se as consequências da infração atingirem o próprio agente de forma tão grave que a sanção penal se torne desnecessária" (Brasil, 1940, art. 121, § 5º).

Sobre o parágrafo 5º do art. 121 do CP:

a. é caso de **perdão judicial**;
b. é o mesmo caso do art. 129, parágrafo 8º – lesão corporal culposa (Brasil, 1940);

c. é uma causa de **extinção de punibilidade** (Brasil, 1940, art. 107, inciso IX);
d. no crime de homicídio culposo, em razão da pena mínima, pode ser aplicado o **benefício da suspensão condicional do processo**, se presentes os demais requisitos previstos no art. 89 da Lei 9.099, de 26 de setembro de 1995 (Brasil, 1995).

No parágrafo 6º, observamos uma **causa especial de aumento de um terço até a metade se for crime praticado por milícia privada**: "a pena é aumentada de 1/3 (um terço) até a metade se o crime for praticado por milícia privada, sob o pretexto de prestação de serviço de segurança, ou por grupo de extermínio".

Sobre o parágrafo 6º do art. 121 do CP:

a. é considerado crime hediondo (Masson, 2014a, p. 48);
b. considera-se milícia privada o agrupamento armado e estruturado de civis com o "suposto" fim de restabelecer a segurança de determinada localidade;
c. considera-se grupo de extermínio uma associação de pessoas "matadoras", que podem ser civis ou policiais.

O **homicídio culposo é incompatível com a tentativa**, salvo nas hipóteses de culpa imprópria, isto é, quando o agente age por acreditar estar em uma causa de excludente de ilicitude; em outras palavras, age incidindo em erro de tipo inescusável.

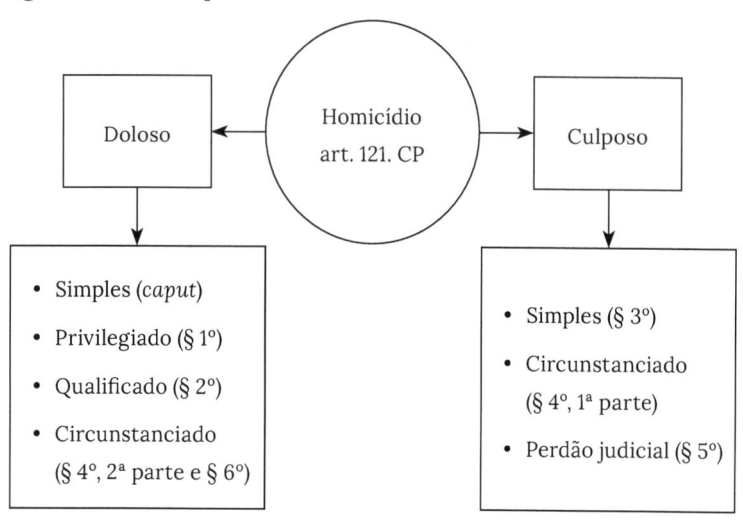

Figura 1.2 – Recapitulando o crime de homicídio

```
                    ┌──────────────┐
                    │   Homicídio  │
      ┌─── Doloso ──│   art. 121. CP├── Culposo ──┐
      │             └──────────────┘              │
      ▼                                           ▼
```

- Simples (*caput*)
- Privilegiado (§ 1º)
- Qualificado (§ 2º)
- Circunstanciado (§ 4º, 2ª parte e § 6º)

- Simples (§ 3º)
- Circunstanciado (§ 4º, 1ª parte)
- Perdão judicial (§ 5º)

Fonte: Elaborado com base em Brasil, 1940.

A partir do parágrafo 4º do art. 121 do CP, constam as possíveis **causas de aumento de pena** do delito de homicídio.

Aumento de pena

§ 4º No homicídio culposo, a pena é aumentada de 1/3 (um terço), se o crime resulta de inobservância de regra técnica de profissão, arte ou ofício, ou se o agente deixa de prestar imediato socorro à vítima, não procura diminuir as consequências do seu ato, ou foge para evitar prisão em flagrante. Sendo doloso o homicídio, a pena é aumentada de 1/3 (um terço) se o crime é praticado contra pessoa menor de 14 (quatorze) ou maior de 60 (sessenta) anos.

§ 5º Na hipótese de homicídio culposo, o juiz poderá deixar de aplicar a pena, se as consequências da infração atingirem o próprio agente de forma tão grave que a sanção penal se torne desnecessária.

§ 6º A pena é aumentada de 1/3 (um terço) até a metade se o crime for praticado por milícia privada, sob o pretexto de prestação de serviço de segurança, ou por grupo de extermínio.

§ 7º A pena do feminicídio é aumentada de 1/3 (um terço) até a metade se o crime for praticado:

I – durante a gestação ou nos 3 (três) meses posteriores ao parto;

II – contra pessoa menor de 14 (catorze) anos, maior de 60 (sessenta) anos, com deficiência ou portadora de doenças degenerativas que acarretem condição limitante ou de vulnerabilidade física ou mental;

III – na presença física ou virtual de descendente ou de ascendente da vítima;

IV – em descumprimento das medidas protetivas de urgência previstas nos incisos I, II e III do caput do art. 22 da Lei n. 11.340, de 7 de agosto de 2006.

Fonte: Brasil, 1940.

— 1.7 —
Crime de induzimento, instigação ou auxílio a suicídio ou automutilação

A redação original do art. 122 do CP contemplava somente o crime de induzimento, instigação ou auxílio ao suicídio. O induzimento, instigação ou auxílio à automutilação foi incluído pela Lei n. 13.968, de 26 de dezembro de 2019, conforme se demonstra a seguir:

Art. 122. Induzir ou instigar alguém a suicidar-se ou a praticar automutilação ou prestar-lhe auxílio material para que o faça:
Pena – reclusão, de 6 (seis) meses a 2 (dois) anos.
§ 1º Se da automutilação ou da tentativa de suicídio resulta lesão corporal de natureza grave ou gravíssima, nos termos dos §§ 1º e 2º do art. 129 deste Código:
Pena – reclusão, de 1 (um) a 3 (três) anos.
§ 2º Se o suicídio se consuma ou se da automutilação resulta morte:
Pena – reclusão, de 2 (dois) a 6 (seis) anos.
§ 3º A pena é duplicada:
I – se o crime é praticado por motivo egoístico, torpe ou fútil;
II – se a vítima é menor ou tem diminuída, por qualquer causa, a capacidade de resistência.

§ 4º A pena é aumentada até o dobro se a conduta é realizada por meio da rede de computadores, de rede social ou transmitida em tempo real.

§ 5º Aumenta-se a pena em metade se o agente é líder ou coordenador de grupo ou de rede virtual.

§ 6º Se o crime de que trata o § 1º deste artigo resulta em lesão corporal de natureza gravíssima e é cometido contra menor de 14 (quatorze) anos ou contra quem, por enfermidade ou deficiência mental, não tem o necessário discernimento para a prática do ato, ou que, por qualquer outra causa, não pode oferecer resistência, responde o agente pelo crime descrito no § 2º do art. 129 deste Código.

§ 7º Se o crime de que trata o § 2º deste artigo é cometido contra menor de 14 (quatorze) anos ou contra quem não tem o necessário discernimento para a prática do ato, ou que, por qualquer outra causa, não pode oferecer resistência, responde o agente pelo crime de homicídio, nos termos do art. 121 deste Código.

Fonte: Brasil, 1940.

O conceito de suicídio é a destruição deliberada da própria vida. Já o conceito de automutilação é qualquer tipo de comportamento voluntário envolvendo agressão direta ao próprio corpo, sem a intenção de suicídio (Masson, 2020, p. 62).

É um crime doloso contra a vida que recebe a seguinte classificação (Masson, 2020, p. 61):

- crime comum;
- crime de dano;
- crime comissivo ou omissivo (há divergências);
- crime material;
- crime condicionado à produção do resultado naturalístico;
- crime de forma livre;
- crime simples;
- crime instantâneo;
- crime unissubjetivo;
- crime plurissubsistente.

— 1.7.1 —
Núcleo do tipo

A participação em suicídio ou em automutilação pode ser de ordem **moral** nos **núcleos de induzir** e **instigar**, bem como pode ser de ordem **material** nos núcleos de **auxiliar** outrem a suicidar-se ou a automutilar-se. Não se admite a provocação indireta ao suicídio ou à automutilação (Masson, 2020, p. 63).

Induzir significa incutir na mente alheia a ideia do suicídio ou da automutilação, até então inexistente. *Instigar* é reforçar o propósito suicida ou da automutilação preexistente, uma vez que a vontade direcionada a esse fim já habitava a mente da vítima. *Auxiliar* implica o agente concorrer, materialmente, para a prática do suicídio, ou da automutilação. Esse auxílio deve ocorrer de forma acessória e/ou secundária (Masson, 2020, p. 63).

O que diferencia esse delito, que abordamos neste momento, dos demais delitos contra a vida e contra a integridade física é a vontade de morrer ou se autolesionar, própria do sujeito passivo, salvo nos casos de eutanásia, em que essa mesma vontade pode também aparecer no homicídio (Prado, 2020, p. 411).

É possível que haja o auxílio por omissão, por exemplo, nos casos em que existe o dever de agir para evitar o resultado.

— 1.7.2 —
Elemento subjetivo do tipo

O elemento subjetivo do tipo é o dolo direto ou eventual. Não existe modalidade culposa, pois a punição do crime consumado é condicionada à superveniência de morte ou de lesão grave da vítima.

A conduta do agente deve exercer influência na vontade da vítima, conforme explica Greco (2015a, p. 201):

> A conduta do agente deve, de alguma forma, exercer influência na vontade da vítima em suicidar-se, bem como deverá ser idônea a esse fim, não se configurando o delito quando o agente atua com *animus jocandi*, simplesmente com o intuito de com ela brincar.

— 1.7.3 —
Sujeitos do crime

O delito contido no tipo penal do art. 122 do CP pode ser praticado por qualquer pessoa, e o sujeito passivo também pode ser qualquer pessoa, desde que ambos tenham capacidade de autodeterminação (Brasil, 1940). Caso o sujeito passivo não seja capaz de autodeterminação, estaremos diante de um crime de homicídio.

— 1.7.4 —
Objeto material e bem jurídico protegido do delito

O objeto material é o ser humano que suporta a conduta criminosa. O bem jurídico protegido é a vida humana e a integridade física em razão da automutilação.

— 1.7.5 —
Consumação e tentativa

Com a nova redação, percebemos que a consumação do delito na sua modalidade simples (*caput*) ocorre com o mero induzimento, instigação ou auxílio ou à automutilação, ou seja, o crime estará consumado mesmo se a vítima, nada obstante à conduta do agente, não praticar nenhum ato tendente ao suicídio ou à automutilação (Masson, 2020, p. 66).

Portanto, em sua modalidade simples, é crime formal.

Nos parágrafos 1º e 2º do art. 122 do CP, estão presentes as modalidades qualificadas do crime (Brasil, 1940). Assim, quando ocorrer o resultado naturalístico de lesão corporal grave, lesão gravíssima e morte, o delito restará consumado com base na constatação da relação de causalidade entre a participação em suicídio ou em automutilação e a destruição da própria vida ou ofensa à própria integridade física (Masson, 2020, p. 66).

Importante mencionarmos que, na modalidade qualificada com resultado morte, estaremos diante de um crime preterdoloso: dolo no tocante à mutilação da vítima e culpa no resultado morte.

A tentativa é cabível na modalidade simples (*caput*) em razão de se tratar de crime plurissubsistente.

Nas modalidades qualificadas, não se admite tentativa, uma vez que estão condicionadas aos resultados legalmente exigidos (Masson, 2020, p. 66; Prado, 2020, p. 411).

Quadro 1.4 – Sinopse das características do crime de induzimento, instigação ou auxílio a suicídio ou à automutilação

Núcleo do tipo:	induzir, instigar, auxiliar.
Elemento subjetivo do tipo:	dolo direto ou eventual, ou seja, é a vontade livre e consciente do agente.
Sujeito ativo:	qualquer pessoa (crime comum).
Sujeito passivo:	qualquer pessoa com capacidade de discernimento.

(continua)

(Quadro 1.4 – conclusão)

Núcleo do tipo:	induzir, instigar, auxiliar.
Objeto material do delito:	pessoa contra a qual recai a conduta praticada pelo agente.
Bem jurídico protegido:	vida humana e integridade física.

— 1.8 —
Aborto provocado pela gestante ou com seu consentimento

O delito de aborto provocado pela gestante, ou com seu consentimento, está previsto no art. 124 do CP (Brasil, 1940): "Provocar aborto em si mesmo ou consentir que outrem lhe provoque: (Vide ADPF 54) Pena – detenção, de um a três anos".

Masson (2020, p. 74) explica que "Aborto é a interrupção da gravidez, da qual resulta a morte do produto da concepção". Quando o aborto é praticado pela gestante, ocorre o autoaborto.

Observa-se o cabimento da suspensão condicional do processo, nos termos do art. 89 da Lei n. 9.099, de 26 de setembro de 1995 (Brasil, 1995), em razão de a pena mínima cominada ser de um ano de detenção.

O crime de aborto punido nesse tipo penal é o aborto criminoso, portanto exclui-se o aborto natural, acidental e o legal, ou permitido (que abordaremos adiante).

Observe, na Figura 1.3, a estrutura do crime de aborto criminoso proposta por Masson (2020, p. 76), em conformidade aos arts. 124 a 127 do CP (Brasil, 1940).

Figura 1.3 – Estrutura do crime

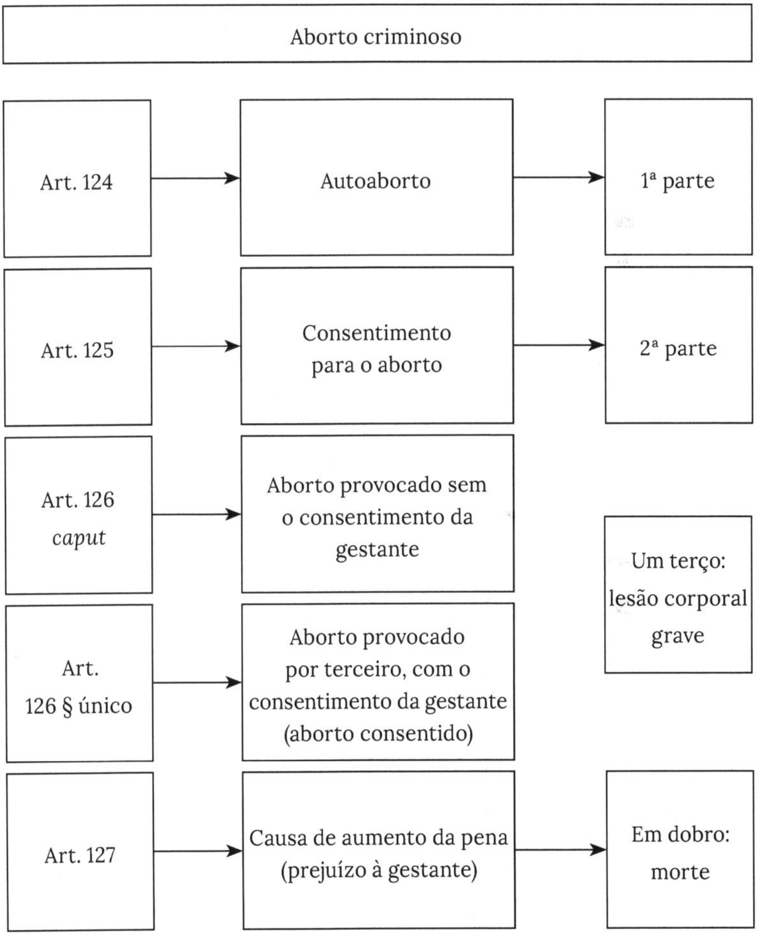

Aborto criminoso		
Art. 124 →	Autoaborto →	1ª parte
Art. 125 →	Consentimento para o aborto →	2ª parte
Art. 126 caput →	Aborto provocado sem o consentimento da gestante	Um terço: lesão corporal grave
Art. 126 § único →	Aborto provocado por terceiro, com o consentimento da gestante (aborto consentido)	
Art. 127 →	Causa de aumento da pena (prejuízo à gestante) →	Em dobro: morte

Fonte: Elaborado com base em Masson 2020, p. 76.

Segundo Greco (2015a, p. 233), a classificação doutrinária é:

- crime de mão própria (no crime de autoaborto), e crime comum nas demais hipóteses quanto ao sujeito ativo;
- pode ser comissivo ou omissivo;
- doloso;
- de dano;
- material;
- instantâneo de efeitos permanentes (caso ocorra à morte do feto, consumando o aborto);
- não transeunte;
- monossubjetivo;
- plurissubsistente;
- de forma livre.

— 1.8.1 —
Núcleo do tipo

O núcleo do tipo penal é o ato de provocar ou consentir o aborto.

— 1.8.2 —
Elemento subjetivo do tipo

É o dolo direto ou eventual. Na modalidade, não existe aborto culposo. Quem provoca o aborto por culpa incorrerá no tipo penal de lesão corporal culposa contra a gestante.

Mencionamos, aqui, a hipótese trazida pelo legislador no art. 129, parágrafo 2º, inciso V do CP (Brasil, 1940), a qual puniu o agente que agride a mulher que sabe estar grávida e, com o dolo de lesão contra ela, produz o aborto culposo. Esse agente responderá por lesão corporal gravíssima.

— 1.8.3 —
Sujeitos do crime

O sujeito ativo do crime é a gestante (Brasil, 1940, art. 124), ou seja, é um crime próprio; nos demais casos, qualquer pessoa – crimes comuns.

As modalidades aduzidas pelo art. 124 são crimes de mãos próprias, assim, somente a gestante é quem pode provocar o aborto em si mesma ou permitir que outra pessoa o provoque.

O sujeito passivo do delito é o feto.

No delito contido no art. 125 do CP (Brasil, 1940), observamos dois sujeitos passivos: o feto e a gestante.

— 1.8.4 —
Objeto material e bem jurídico protegido do delito

O objeto material é o feto e, conforme ensina Greco (2015a, p. 239):

> O objeto material do delito de aborto pode ser o óvulo fecundado, o embrião ou o feto, razão pela qual o aborto poderá ser considerado ovular (se cometido até os dois primeiros meses da gravidez), embrionário (praticado no terceiro ou

quarto mês de gravidez) e, por último, fetal (quando o produto da concepção já atingiu os cinco meses de vida intrauterina e daí em diante).

O bem juridicamente protegido é a vida humana em desenvolvimento (Greco, 2015a, p. 238).

— 1.8.5 —
Consumação e tentativa

Como se trata de crime material, a consumação se dá com a morte do feto ou a destruição do produto da concepção. Não importa, para o direito, se a morte ocorre dentro ou fora do ventre materno, desde que decorrente de manobras abortivas (Cunha, 2019, p. 103).

Se a morte ocorre após o nascimento com vida do recém-nascido (por ação ou omissão), teremos crime de homicídio.

É possível tentativa, uma vez que se trata de crime plurissubsistente.

Quadro 1.5 – Sinopse do crime de aborto

Núcleo do tipo:	provocar ou consentir o aborto.
Elemento subjetivo do tipo:	dolo direto ou eventual.
Sujeito ativo:	gestante (crime próprio).
Sujeito passivo:	o óvulo fecundado, o embrião ou o feto.
Objeto material do delito:	pode ser o óvulo fecundado, o embrião ou o feto.

Bem jurídico protegido:	a vida humana em desenvolvimento (Greco, 2015a, p. 238).

O crime de aborto majorado pelo resultado implica uma causa de aumento de pena que se aplica somente aos crimes definidos nos arts. 125 e 126, portanto não se aplica ao art. 124, uma vez que o CP não pune o crime de autolesão (Cunha, 2019, p. 111).

> Art. 127. As penas cominadas nos dois artigos anteriores são aumentadas de um terço, se, em consequência do aborto ou dos meios empregados para provocá-lo, a gestante sofre lesão corporal de natureza grave; e são duplicadas, se, por qualquer dessas causas, lhe sobrevém a morte. (Brasil, 1940)

Existe, ainda, o **aborto legal**, o qual está descrito no art. 128 do CP (vide ADPF 54/DF)[3]. Esse artigo prevê duas modalidades de aborto legal: uma em virtude de autorização legal (terapêutico ou profilático); outra o aborto sentimental ou humanitário.

1. **aborto necessário ou terapêutico ou profilático**: "se não há outro meio de salvar a vida da gestante" (Brasil, 1940, art. 128, inciso I);
2. **aborto no caso de gravidez resultante de estupro**: "se a gravidez resulta de estupro e o aborto é precedido de

---

[3] No julgamento da Arguição de Descumprimento de Preceito Fundamental (ADPF) n. 54, de 12 de abril de 2012 (Brasil, 2012e), que foi ajuizada pela Confederação Nacional dos Trabalhadores na Saúde (CNTS), o Superior Tribunal Federal declarou a inconstitucionalidade da interpretação segundo a qual a interrupção da gravidez de feto anencéfalo seria conduta típica descrita nos arts. 124, 126 e 128, incisos I e II, do CP.

consentimento da gestante ou, quando incapaz, de seu representante legal" (Brasil, 1940, art. 128, inciso II).

Existem quatro características importantes que definem o aborto legal, conforme preconiza Rogério Greco (2015a, p. 249):

1. Possibilidade de analogia *in bonam partem*, quando o aborto não for realizado por médico.
2. Representante legal da incapaz que consente na realização do aborto, contrariamente à vontade da gestante.
3. Na ausência ou impossibilidade de atendimento médico, se equipara o art. 128 do CP ao agente que atua no lugar de médico, o qual agirá em estado de necessidade de terceiro.
4. Para que seja praticado o crime de aborto, é necessário, imperiosamente, que a gestante consinta a sua realização.

Neste ponto, o leitor pode estar perguntando: E a questão do feto anencéfalo? A resposta está nas considerações de Cunha sobre a ADPF n. 54:

> A ADPF 54, ajuizada pela Confederação Nacional dos Trabalhadores na Saúde (CNTS), reconheceu que diante de uma deformação irreversível do feto, há de se lançar mão dos avanços médicos tecnológicos, postos à disposição da humanidade não para simples inserção, no dia-a-dia, de sentimentos mórbidos, mas, justamente, para fazê-los cessar. No caso de anencefalia, a ciência médica atua com margem de certeza igual a 100%. Dados merecedores da maior confiança evidenciam que fetos anencéfalos morrem no período intrauterino em mais de 50% dos casos. A gestante vive diuturnamente com a triste

realidade e a lembrança ininterrupta do feto, dentro de si, que nunca poderá se tornar um ser vivo. Se assim – e ninguém ousa contestar–trata-se de situação concreta que foge à glosa própria ao aborto – que conflita com a dignidade humana, a legalidade, a liberdade e a autonomia de vontade. Logo após a decisão do STF, o Conselho Federal de Medicina (CFM) publicou as diretrizes para interrupção da gravidez em caso de feto anencéfalo. O texto prevê que os exames de ultrassonografia precisam ser feitos a partir da 12º semana de gravidez, período no qual o feto já se encontra num estágio suficiente para se detectar a anomalia. No caso do diagnóstico da anencefalia, o laudo terá que ser assinado, obrigatoriamente, por dois médicos. A gestante será informada do resultado e poderá optar livremente por antecipar o parto (fazer aborto) ou manter a gravidez e, ainda, se gostaria de ouvir a opinião de uma junta médica ou de outro profissional. A interrupção da gravidez poderá ser realizada em hospital público ou privada, e em clínicas, desde que haja estrutura adequada. A gestante terá toda assistência de saúde e será aconselhada a adotar medidas para evitar novo feto anencéfalo, com a ingestão de ácido fólico. (Cunha, 2019, p. 113)

Capítulo 2

Das lesões corporais

Após a análise dos principais crimes contra a vida, iniciaremos os estudos das condutas ofensivas à integridade física ou à saúde do corpo humano, descritas no art. 129 do Decreto-Lei n. 2.848, de 7 de dezembro de 1940 – Código Penal (CP) brasileiro (Brasil, 1940), transcrito a seguir.

A lesão corporal é definida como o ato de ferir ou lesar a integridade física ou a saúde de outro ser humano, provocando alteração anatômica ou funcional. As modalidades de lesão corporal são leve, grave, gravíssima, seguida de morte, privilegiada e qualificada pela violência doméstica.

Segundo Masson (2020, p. 97), a classificação doutrinária é:

- crime comum;
- pode ser comissivo ou omissivo;
- unilateral (regra);
- de dano;
- material;
- instantâneo;
- plurissubsistente (regra);
- de forma livre.

Lesão corporal

Art. 129. Ofender a integridade corporal ou a saúde de outrem:
Pena – detenção, de três meses a um ano.

Lesão corporal de natureza grave

§ 1º Se resulta:

I – Incapacidade para as ocupações habituais, por mais de trinta dias;
II – perigo de vida;
III – debilidade permanente de membro, sentido ou função;
IV – aceleração de parto:
Pena – reclusão, de um a cinco anos.
§ 2º Se resulta:
I – Incapacidade permanente para o trabalho;
II – enfermidade incurável;
III – perda ou inutilização do membro, sentido ou função;
IV – deformidade permanente;
V – aborto:
Pena – reclusão, de dois a oito anos.

Lesão corporal seguida de morte
§ 3º Se resulta morte e as circunstâncias evidenciam que o agente não quis o resultado, nem assumiu o risco de produzi-lo:
Pena – reclusão, de quatro a doze anos.

Diminuição de pena
§ 4º Se o agente comete o crime impelido por motivo de relevante valor social ou moral ou sob o domínio de violenta emoção, logo em seguida a injusta provocação da vítima, o juiz pode reduzir a pena de um sexto a um terço.

Substituição da pena
§ 5º O juiz, não sendo graves as lesões, pode ainda substituir a pena de detenção pela de multa, de duzentos mil réis a dois contos de réis:

I – se ocorre qualquer das hipóteses do parágrafo anterior;
II – se as lesões são recíprocas.

Lesão corporal culposa

§ 6º Se a lesão é culposa:

Pena – detenção, de dois meses a um ano.

Aumento de pena

§ 7º Aumenta-se a pena de 1/3 (um terço) se ocorrer qualquer das hipóteses dos §§ 4º e 6º do art. 121 deste Código.

§ 8º Aplica-se à lesão culposa o disposto no § 5º do art. 121.

Violência doméstica

§ 9º Se a lesão for praticada contra ascendente, descendente, irmão, cônjuge ou companheiro, ou com quem conviva ou tenha convivido, ou, ainda, prevalecendo-se o agente das relações domésticas, de coabitação ou de hospitalidade:

Pena – detenção, de 3 (três) meses a 3 (três) anos.

§ 10 Nos casos previstos nos §§ 1º a 3º deste artigo, se as circunstâncias são as indicadas no § 9º deste artigo, aumenta-se a pena em 1/3 (um terço).

§ 11 Na hipótese do § 9º deste artigo, a pena será aumentada de um terço se o crime for cometido contra pessoa portadora de deficiência.

§ 12 Se a lesão for praticada contra autoridade ou agente descrito nos arts. 142 e 144 da Constituição Federal, integrantes do sistema prisional e da Força Nacional de Segurança Pública, no exercício da função ou em decorrência dela, ou contra seu cônjuge, companheiro ou parente consanguíneo até terceiro grau, em razão dessa condição, a pena é aumentada de um a dois terços.

Fonte: Brasil, 1940.

— 2.1 —
Lesão corporal

As modalidades do delito de lesão corporal podem ser divididas quanto ao elemento subjetivo do agente e a intensidade do delito (Cunha, 2019, p. 115).

Quanto ao **elemento subjetivo**:

- dolosa simples (Brasil, 1940, art. 129, *caput*);
- dolosa qualificada (Brasil, 1940, art. 129, §§ 1º, 2º e 3º);
- dolosa privilegiada (Brasil, 1940, art. 129, §§ 4º e 5º);
- culposa (Brasil, 1940, art. 129, § 6º)

Quanto à **intensidade**:

- leve (*caput*);
- grave (Brasil, 1940, art. 129, § 1º);
- gravíssima (Brasil, 1940, art. 129, § 2º);
- seguida de morte (Brasil, 1940, art. 129, § 3º).

Quadro 2.1 – Seis modalidades de lesão corporal

Lesão corporal culposa leve	→ Art. 129, *caput*, do CP
Lesão corporal grave	→ Art. 129, parágrafo 1º, do CP

(continua)

(Quadro 2.1 – conclusão)

Lesão corporal gravíssima	➤	Art. 129, parágrafo 2º do CP
Lesão corporal seguida de morte	➤	Art. 129, parágrafo 3º do CP
Lesão corporal culposa	➤	Art. 129, parágrafo 6º, do CP

— 2.1.1 —
Núcleo do tipo

O núcleo do tipo é ofender a integridade física de alguém.

— 2.1.2 —
Elemento subjetivo do tipo

É o dolo de lesionar (Brasil, 1940, art. 129, *caput*, § 1º e § 2º). É punível também a título de culpa (Brasil, 1940, art. 129, § 6º) e por crime preterdoloso (Brasil, 1940, art. 129, § 1º, § 2º e § 3º).

— 2.1.3 —
Sujeitos do crime

O sujeito ativo pode ser qualquer pessoa, visto que se trata de crime comum. O sujeito passivo também pode ser qualquer pessoa, com exceção das pessoas contidas no art. 129, parágrafo 1º, inciso IV; e parágrafo 2º, inciso V (Brasil, 1940).

— 2.1.4 —
Objeto material e bem jurídico protegido do delito

O delito de lesão corporal visa à proteção da integridade corporal e da saúde do ser humano.

O objeto material do presente delito é a pessoa humana, ainda que com vida intrauterina (Greco, 2015a, p. 266).

— 2.1.5 —
Consumação e tentativa

O delito de lesão corporal se consuma no instante em que ocorre ofensa à integridade corporal ou à saúde física ou mental da vítima (crime material) (Cunha, 2019, p. 118).

É necessário exame de corpo de delito, conforme o art. 168 do Decreto-Lei n. 3.689, de 3 de outubro de 1941 – Código de Processo Penal (Brasil, 1941).

A tentativa é possível em todas as modalidades de lesão corporal dolosa, no entanto é incabível na lesão culposa e na lesão corporal seguida de morte, uma vez que a involuntariedade do resultado naturalístico que envolve a culpa é incompatível com o *conatus* (Masson, 2020, p. 99).

— 2.1.6 —
Lesão corporal de natureza grave

Essa é uma modalidade qualificada em razão das circunstâncias descritas nesta seção e na Subseção 2.2.1:

a. Será considerada lesão corporal **grave** quando o delito resultar nas hipóteses do parágrafo 1º do art. 129 do CP (Brasil, 1940):

> I – Incapacidade para as ocupações habituais, por mais de trinta dias;
>
> II – perigo de vida;
>
> III – debilidade permanente de membro, sentido ou função;
>
> IV – aceleração de parto.

Como explica Greco (2015a, p. 270), debilidade significa enfraquecimento ou redução da capacidade funcional no sentido duradouro, mesmo que reversível após um tempo longo.

O autor (Greco, 2015a, p. 272) destaca que se trata de antecipação de parto, e não do dolo de interromper da gravidez.

b. Será considerada lesão corporal **gravíssima** quando o delito resultar nas hipóteses do parágrafo 2º do art. 129 do CP (Brasil, 1940):

> I – Incapacidade permanente para o trabalho;
>
> II – enfermidade incurável;

III – perda ou inutilização do membro, sentido ou função;

IV – deformidade permanente;

V – aborto.

— 2.1.7 —
Lesão corporal seguida de morte

Conforme o art. 129, parágrafo 3º, do CP (Brasil, 1940): "Se resulta morte e as circunstâncias evidenciam que o agente não quis o resultado, nem assumiu o risco de produzi-lo: Pena – reclusão, de quatro a doze anos".

a. Trata-se de crime preterdoloso.
b. A morte deve ter sido, obrigatoriamente, previsível pelo agente.

— 2.1.8 —
Causa de diminuição de pena

A razão para diminuir a pena no delito de lesão corporal está descrita no parágrafo 4º do art. 129 do CP (Brasil, 1940):

> § 4º Se o agente comete o crime impelido por motivo de relevante valor social ou moral ou sob o domínio de violenta emoção, logo em seguida à injusta provocação da vítima, o juiz pode reduzir a pena de um sexto a um terço.

Atente que a redação é idêntica àquela contida no art. 121 do CP, no que tange à causa de diminuição da pena no crime de homicídio.

A diminuição de pena é aplicável em todas as modalidades de lesão: leve, grave, gravíssima e a seguida de morte, inclusive, nos crimes de agressões domésticas (Greco, 2015a, p. 283).

— 2.1.9 —
Substituição da pena

A substituição de pena é cabível nas lesões de natureza leve.

> § 5º O juiz, não sendo graves as lesões, pode ainda substituir a pena de detenção pela de multa:
>
> I – se ocorre qualquer das hipóteses do parágrafo anterior;
>
> II – se as lesões são recíprocas; (Brasil, 1940, art. 129)

Deve ser aplicada nos casos de lesões **corporais leves** (Brasil, 1940, art. 129, *caput* e § 9º – salvo se for de violência contra a mulher (Brasil, 2006, art. 17), como especificaremos na Seção 2.4, e ter cometido o crime conforme descrito no parágrafo 4º.

— 2.1.10 —
Lesão corporal culposa

"Se a lesão é culposa: Pena – detenção, de dois meses a um ano" (Brasil, 1940, art. 129, § 6º).

Para que seja considerado o crime de lesão corporal culposa, é necessário que todos os requisitos da modalidade culposa estejam presentes.

— 2.1.11 —
Causas de aumento de pena

§ 7º Aumenta-se a pena de 1/3 (um terço) se ocorrer qualquer das hipóteses dos §§ 4º e 6º do art. 121 deste Código.
§ 8º Aplica-se à lesão culposa o disposto no § 5º do art. 121. (Brasil, 1940, art. 129)

A pena será aumentada em um terço se o agente incorrer nas hipóteses do art. 121, parágrafos 4º e 6º, do CP, ou seja, em caso de inobservância técnica, se o agente deixar de prestar socorro à vítima, não procurar diminuir as consequências do seu ato, fugir para evitar prisão, se for praticado por milícia privada ou grupo de extermínio, e demais hipóteses previstas no art. 121, parágrafos 4º e 6º, do CP (Brasil, 1940).

Ademais, aplica-se, na lesão culposa, o disposto no art. 5º do mesmo art. 121 (Brasil, 1940), o qual dispõe sobre a possibilidade de o magistrado deixar de aplicar a pena se as consequências da infração atingirem o próprio agente de forma tão grave que a sanção penal se torne dispensável.

— 2.1.12 —
Violência doméstica

O parágrafo 9º do art. 129 do CP prevê que:

> § 9º Se a lesão for praticada contra ascendente, descendente, irmão, cônjuge ou companheiro, ou com quem conviva ou tenha convivido, ou, ainda, prevalecendo-se o agente das relações domésticas, de coabitação ou de hospitalidade:
> Pena – detenção, de 3 (três) meses a 3 (três) anos. (Brasil, 1940, art. 129)

Atenção aos dispositivos da Lei n. 11.340, de 7 de agosto de 2006 (Brasil, 2006), uma vez que alteraram a redação do parágrafo 9º do art. 129 do CP, tornando mais rigorosa a sanção penal nos casos de violência doméstica e familiar.

A pena máxima é aumentada de um para três anos, o que faz com que deixe de ser crime de menor potencial ofensivo, como consta no parágrafo 9º (Brasil, 1940, art. 129).

As causas de aumento de pena, se o agente incidir na prática do delito descrito no parágrafo 9º (Brasil, 1940, art. 129), serão as seguintes:

> § 10 Nos casos previstos nos §§ 1º a 3º deste artigo, se as circunstâncias são as indicadas no § 9º deste artigo, **aumenta-se a pena em 1/3 (um terço).**
>
> § 11 Na hipótese do § 9º deste artigo, a pena será aumentada de um terço se **o crime for cometido contra pessoa portadora de deficiência.** (Brasil, 1940, art. 129, grifo nosso)

— 2.1.13 —
Lesão contra autoridade ou agente público

> § 12 Se a lesão for praticada contra autoridade ou agente descrito nos arts. 142 e 144 da Constituição Federal, integrantes do sistema prisional e da Força Nacional de Segurança Pública, no exercício da função ou em decorrência dela, ou contra seu cônjuge, companheiro ou parente consanguíneo até terceiro grau, em razão dessa condição, a pena é aumentada de um a dois terços (Brasil, 1940, art. 129).

Essa é uma qualificadora do crime de lesão corporal que deve ser complementada pelos arts. 142 e 144 da Constituição da República (Brasil, 1988), que são os integrantes do sistema prisional e da Força Nacional de Segurança Pública, no exercício de sua função, ou em razão dela, ou contra seu cônjuge, companheiro ou parente consanguíneo até o terceiro grau, em razão dessa condição.

Vale lembrar que se trata de uma norma penal em branco, uma vez que deve ser complementada pela Constituição da República.

Quadro 2.2 – Sinopse do crime de lesão corporal

Núcleo do tipo:	ofender a integridade.
Elemento subjetivo do tipo:	o dolo direto ou eventual (modalidade do *caput*).
Sujeito ativo:	qualquer pessoa.
Sujeito passivo:	qualquer pessoa, salvo no inciso IV do parágrafo 1º, e do inciso V do parágrafo 2º do art. 129.
Objeto material do delito:	a pessoa humana.
Bem jurídico protegido:	a integridade corporal e a saúde do ser humano.

Os delitos de lesão corporal seguida de morte (parágrafo 2º) e lesão corporal praticada contra qualquer agente do parágrafo 12 são considerados crimes hediondos, conforme o que dispõe a Lei n. 8.072, de 25 de julho de 1990, em seu art. 1º, inciso I-A (Brasil, 1990).

Capítulo 3

Crimes contra a honra

Os crimes contra a honra estão subdivididos em calúnia, difamação e injúria e estão previstos nos arts. 138, 139 e 140 do Código Penal (CP) (Brasil, 1940). Nos casos de crime contra a honra, protege-se a honra objetiva e a subjetiva da vítima, assim descritas:

a. Honra objetiva: é aquela relacionada com a reputação da pessoa. Os crimes de calúnia e difamação atingem a honra objetiva do agente.
b. Honra subjetiva: é aquela relacionada com a dignidade da pessoa, ou seja, é o juízo que a pessoa tem de si mesma. Os crimes de injúria atingem a honra subjetiva do agente.

Sobre a possibilidade de **concurso de crimes nos delitos contra a honra**:

> pensamos ser possível o concurso de delitos somente quando da(s) conduta(s) são atingidas honras diferentes. Assim, admitimos o concurso, material ou formal, a depender do caso, entre calúnia (ou difamação) e injúria. Ressaltamos, no entanto, que o STJ decidiu ser possível o concurso entre calúnia, difamação e injúria na situação em que o agente divulga, por meio do mesmo escrito, dizeres ofensivos que se subsumam as três figuras delituosas (RHC 41.527/RJ, DJe, 11 mar. 2015, citado por Cunha, 2019, p. 182).

— 3.1 —
Crime de calúnia

Caluniar alguém é imputar falsamente fato definido como crime. O delito de calúnia está descrito no art. 138 do CP e, nele, se protege a honra objetiva da pessoa (vítima) perante terceiros (Brasil, 1940).

Greco (2015a, p. 421) explica que há três pontos principais para configurar o crime de calúnia:

1. a imputação de um fato;
2. esse fato imputado a vítima deve, obrigatoriamente, ser falso;
3. além de falso, o fato deve ser definido como crime.

De acordo com Masson (2020a, p. 172), o crime de calúnia recebe a seguinte classificação:

- crime comum;
- crime de forma livre;
- crime unissubsistente ou plurissubsistente
- crime instantâneo;
- crime unissubjetivo (regra);
- crime comissivo
- crime de dano;
- crime formal.

Os benefícios da Lei n. 9.099, de 26 de setembro de 1995 (Brasil, 1995), são aplicáveis em virtude da pena cominada, com exceção dos casos em que incida a causa de aumento do art. 141 do CP.

> **Calúnia**
>
> Art. 138 – Caluniar alguém, imputando-lhe falsamente fato definido como crime:
>
> Pena – detenção, de seis meses a dois anos, e multa.
>
> § 1º Na mesma pena incorre quem, sabendo falsa a imputação, a propala ou divulga.
>
> § 2º É punível a calúnia contra os mortos
>
> § 3º Admite-se a prova da verdade, salvo:
>
> I – se, constituindo o fato imputado crime de ação privada, o ofendido não foi condenado por sentença irrecorrível;
>
> II – se o fato é imputado a qualquer das pessoas indicadas no n. I do art. 141;
>
> III – se do crime imputado, embora de ação pública, o ofendido foi absolvido por sentença irrecorrível
>
> Fonte: Brasil, 1940.

Com relação ao parágrafo 1º, quem sabe da falsa acusação de crime e, assim mesmo, a propaga incorrerá no crime de calúnia. É um crime que pode ser cometido na sua modalidade tentada.

Com relação ao parágrafo 2º, é punível a calúnia contra os mortos, assim se preserva a memória daquele que faleceu.

Com relação ao parágrafo 3º, admite-se a **exceção da verdade** no crime de **calúnia**, salvo nos casos dos incisos I, II, III do referido dispositivo.

> "Chama-se exceção da verdade a faculdade atribuída ao suposto autor do crime de calúnia de demonstrar que, efetivamente, os fatos por ele narrados são verdadeiros, afastando-se, portanto, com essa comprovação, a infração penal a ele atribuída" (Greco, 2015a, p. 430).

— 3.1.1 —
Núcleo do tipo

O núcleo do tipo é o verbo *caluniar*.

É fundamental que a ofensa seja dirigida contra pessoa certa e determinada.

— 3.1.2 —
Elemento subjetivo do tipo

É o dolo direto ou eventual, e a vontade de ofender a honra (somente na modalidade dolosa).

Não admite modalidade culposa, pois é necessário que exista a vontade de ofender a honra do sujeito passivo.

O agente que, mesmo sem ter certeza da informação, de fato, definida como crime imputado a alguém, a profere de igual maneira, responderá pelo crime com dolo eventual, uma vez que assumiu o risco (Greco, 2015a, p. 428).

— 3.1.3 —
Sujeitos do crime

De modo geral, o sujeito ativo pode ser qualquer pessoa, salvo os inimputáveis.

As pessoas que desfrutam de inviolabilidade (senadores, deputados, vereadores, estes nos limites do município em que exerçam a vereança) não podem ser sujeito ativo do presente delito. "Os advogados não estão imunes ao delito de calúnia, pois pertence ao raio da inviolabilidade profissional; apenas à difamação e à injúria, desde que cometidas no exercício regular de suas atividades – art. 7º, § 2º do Estatuto da Ordem dos Advogados" (Cunha, 2019, p. 183).

Quanto ao sujeito passivo, podem ser pessoa física ou pessoa jurídica. Na calúnia proferida contra os mortos, os sujeitos passivos serão seus familiares: cônjuges, ascendentes, descendentes ou irmãos.

Pessoa jurídica será considerada sujeito passivo desde que o crime falso a ela imputado seja tipificado pela Lei n. 9.605, de 12 de fevereiro de 1998 (Brasil, 1998) – Lei ambiental (Greco, 2015a, p. 426-427), inclusive, os inimputáveis. Nesse caso, destacamos que, nas demais hipóteses (fora da Lei Ambiental), "o fato deverá ser considerado crime de difamação, em face de impossibilidade de as demais infrações penais serem praticadas pelas pessoas morais" (Greco, 2015a, p. 426-427).

Há de se considerar sobre a questão de sujeito passivo do crime de calúnia a doutrina e os Tribunais Superiores (Cunha, 2019, p. 184).

— 3.1.4 —
Objeto material e bem jurídico protegido do delito

O objeto material é a pessoa contra a qual são dirigidas as imputações investidas à sua honra **objetiva** (Greco, 2015a, p. 424).

Já o bem jurídico protegido é a honra objetiva, ou seja, é aquela entendida pela pessoa em seu meio social, relativa aos atributos pessoais, morais, éticos, profissionais etc.

— 3.1.5 —
Consumação e tentativa

O delito de calúnia se consuma quando terceiro (que não é o sujeito passivo) toma conhecimento da imputação criminosa que é direcionada à vítima.

Por ser um delito formal, perfazendo-se independentemente do dano causado à reputação do ofendido (Cunha, 2019, p. 186), a vítima não precisa sentir-se atingida em sua honra objetiva, basta que o agente atue com esse fim.

Reconhece-se a tentativa quando o meio da execução do crime é a escrita, pois, nela, o ato de execução pode ser fracionado, por exemplo, no caso de quem prepara panfletos caluniosos contra alguém e, quando vai iniciar a distribuição dos panfletos já prontos, é interrompido. Observamos que o crime não se consumou em razão de circunstâncias alheias à vontade do agente (Noronha, citado por Greco, 2015a, p. 427).

Quadro 3.1 – Sinopse do crime de calúnia

Núcleo do tipo:	caluniar.
Elemento subjetivo do tipo:	o dolo direto ou eventual, e a vontade de ofender a honra (somente na modalidade dolosa).
Sujeito ativo:	qualquer pessoa.
Sujeito passivo:	apenas pessoa física, inclusive, os inimputáveis. Na calúnia proferida contra os mortos, os sujeitos passivos serão seus familiares (Prado, 2020, p. 508).
Objeto material do delito:	a pessoa contra qual são dirigidas as imputações ofensivas a sua honra objetiva (Greco, 2015a, p. 424).
Bem jurídico protegido:	honra objetiva.

Importante mencionarmos a distinção entre o crime de calúnia e o crime de denunciação caluniosa, uma vez que, em ambos os delitos, existe a imputação falsa de crime pelo agente:

Na calúnia o sujeito se limita a imputar a alguém, falsamente e perante a terceira pessoa, a prática de um fato definido como crime. Na denunciação caluniosa (CP, art. 339), ele vai mais longe. Não apenas atribui à vítima, falsamente, a prática de um delito. Leva essa imputação ao conhecimento da autoridade pública, movimentando a máquina estatal mediante a instauração de investigação policial, de processo judicial, instauração de investigação administrativa, inquérito civil ou ação de improbidade administrativa contra alguém que sabe inocente (Masson, 2020, p. 175).

— 3.2 —
Crime de difamação

O crime de difamação constitui-se quando o agente ofende a honra objetiva da vítima, todavia esse fato não precisa ser um fato criminoso, é suficiente que o ato seja capaz de macular a reputação da vítima, ainda que fato falso. Ele está previsto no art. 139 do CP (Brasil, 1940): "Difamar alguém, imputando-lhe fato ofensivo à sua reputação: Pena – detenção, de três meses a um ano, e multa".

A imputação de um fato definido como contravenção penal implica a tipificação da difamação, portanto não há que se falar em calúnia nessa hipótese, pois, nela, se exige fato falso definido como crime.

Conforme Masson (2020, p. 180), o crime de difamação é classificado como:

- crime comum;
- crime de forma livre;
- crime unissubsistente ou plurissubsistente
- crime instantâneo;
- crime unissubjetivo (regra);
- crime comissivo
- crime de dano;
- crime formal.

— 3.2.1 —
Núcleo do tipo

O núcleo do tipo é o verbo *difamar*.

— 3.2.2 —
Elemento subjetivo do tipo

É o dolo direto ou eventual (somente na modalidade dolosa). O tipo exige que o agente tenha se dirigido finalisticamente a divulgar fatos que macularão a honra objetiva da vítima.

— 3.2.3 —
Sujeitos do crime

De modo geral, o sujeito ativo pode ser qualquer pessoa, salvo os inimputáveis.

Quanto ao sujeito passivo, podem ser pessoa física, pessoa jurídica, inclusive, os inimputáveis. Não é punível difamação contra os mortos (Prado, 2020, p. 514).

— 3.2.4 —
Objeto material e bem jurídico protegido do delito

O objeto material do delito de difamação é a pessoa contra a qual se dirige a conduta praticada pelo agente.

O bem jurídico protegido é a honra objetiva acometida pela conduta criminosa.

— 3.2.5 —
Consumação e tentativa

A consumação, no delito de difamação, ocorre quando a terceira pessoa toma conhecimento da ofensa dirigida à vítima.

A difamação verbal é incompatível com a tentativa, contudo, na forma escrita, é possível o crime na modalidade tentada.

Quadro 3.2 – Sinopse do crime de difamação

Núcleo do tipo:	difamar.
Elemento subjetivo do tipo:	o dolo direto ou eventual (somente na modalidade dolosa).
Sujeito ativo:	qualquer pessoa.

(continua)

(Quadro 3.2 – conclusão)

Núcleo do tipo:	difamar.
Sujeito passivo:	apenas pessoa física ou jurídica, inclusive, os inimputáveis.
Objeto material do delito:	a pessoa contra qual são dirigidas as imputações ofensivas a sua honra objetiva (Greco, 2015a, p. 424).
Bem jurídico protegido:	honra.

Como regra, a **exceção da verdade** não é admitida nos casos de crime de difamação, salvo nos casos estabelecidos no parágrafo único do art. 139 do CP (Brasil, 1940): "A exceção da verdade somente se admite se o ofendido é funcionário público e a ofensa é relativa ao exercício de suas funções".

Por fim, se a retratação for feita antes da sentença, o querelado ficará isento de pena, conforme o art. 143 do CP.

— 3.3 —
Crime de injúria

O crime de injúria tutela a **honra subjetiva** da pessoa, distintamente do que ocorre nos crimes contra a honra de calúnia e de difamação.

Tutelar a honra subjetiva implica proteger o decoro e a dignidade (autoestima) da pessoa. Ainda, em razão da pena cominada, são cabíveis os benefícios da Lei n. 9.099/1995 (Brasil, 1995), mesmo que incidente a causa de aumento prevista no art. 141 do CP (Brasil, 1940).

> Art. 140. Injuriar alguém, ofendendo-lhe a dignidade ou o decoro:
> Pena – detenção, de um a seis meses, ou multa.
> § 1º O juiz pode deixar de aplicar a pena:
> I – quando o ofendido, de forma reprovável, provocou diretamente a injúria;
> II – no caso de retorsão imediata, que consista em outra injúria.
> § 2º Se a injúria consiste em violência ou vias de fato, que, por sua natureza ou pelo meio empregado, se considerem aviltantes:
> Pena – detenção, de três meses a um ano, e multa, além da pena correspondente à violência.
> § 3º Se a injúria consiste na utilização de elementos referentes a raça, cor, etnia, religião, origem ou a condição de pessoa idosa ou portadora de deficiência:
> Pena – reclusão de um a três anos e multa.
>
> Fonte: Brasil, 1940.

Atente que a presença da vítima, quando se profere a injúria, não é necessária.

O *bullying* pode ser caracterizado injúria, conforme a Lei n. 13.185, de 6 de novembro de 2015 (Brasil, 2015b; Masson, 2020, p. 184).

Não há crime na autoinjúria, ou seja, quando a pessoa dirige ofensa à sua própria honra subjetiva.

Conforme Masson (2020, p. 184), o crime de injúria é classificado como:

- crime comum;
- crime de forma livre;
- crime unissubsistente ou plurissubsistente
- crime instantâneo;
- crime unissubjetivo (regra);
- crime comissivo ou omissivo (apenas com o crime de injúria);
- crime de dano;
- crime formal.

Figura 3.1 – Modalidades do crime de injúria

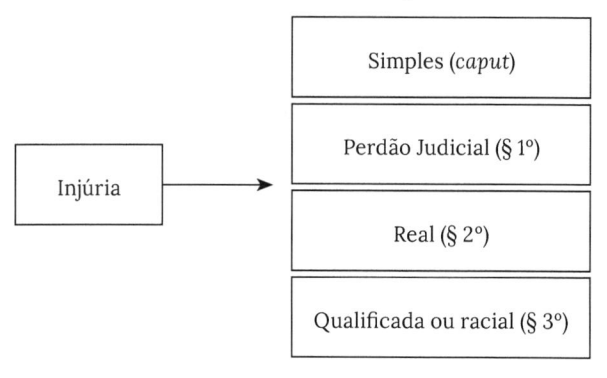

```
                          ┌─────────────────────────────────┐
                          │       Simples (caput)           │
                          └─────────────────────────────────┘
                          ┌─────────────────────────────────┐
      ┌──────────┐        │      Perdão Judicial (§ 1º)     │
      │ Injúria  │──────▶ └─────────────────────────────────┘
      └──────────┘        ┌─────────────────────────────────┐
                          │           Real (§ 2º)           │
                          └─────────────────────────────────┘
                          ┌─────────────────────────────────┐
                          │   Qualificada ou racial (§ 3º)  │
                          └─────────────────────────────────┘
```

Fonte: Elaborado com base em Masson, 2020, p. 184.

— 3.3.1 —
Núcleo do tipo

O núcleo do tipo é o verbo *injuriar* (ofender/atribuir qualidade negativa).

Vale lembrar que pode existir a injúria por omissão: por exemplo, recusar um cumprimento de mão de alguém. Se tiver a finalidade de ofender a dignidade ou o decoro da vítima, pode ser uma injúria por omissão. Nada impede a injúria indireta (que alcança reflexamente pessoa diversa), por exemplo, chamar um homem casado de "corno" importa em injuriar também a sua esposa (Masson, 2020, p. 186).

— 3.3.2 —
Elemento subjetivo do tipo

O elemento subjetivo do agente é o dolo, seja direto, seja eventual. É necessário que o agente tenha a intenção de atingir a honra subjetiva da vítima, ofendendo sua dignidade ou o decoro. Conforme Greco (2015a, p. 459), "Deve o agente agir, portanto, com o chamado *animus injuriandi*, pois, caso contrário, o fato será atípico". Desse modo, ocorre somente na modalidade dolosa.

— 3.3.3 —
Sujeitos do crime

O sujeito ativo pode ser qualquer pessoa, salvo os inimputáveis. Quanto ao sujeito passivo podem ser pessoa física, inclusive os inimputáveis.

Diferentemente do crime de calúnia, não é punível injúria contra os mortos.

— 3.3.4 —
Objeto material e bem jurídico protegido do delito

O objeto material do delito de injúria é a pessoa contra a qual se dirige a conduta praticada pelo agente.

O bem jurídico protegido é a honra subjetiva acometida pela conduta criminosa, ou seja, os conceitos que a pessoa traz de si própria (autoestima).

— 3.3.5 —
Consumação e tentativa

Consuma-se quando a ofensa chega ao conhecimento da vítima.

A tentativa é possível quando o crime de injúria é praticado pela forma escrita e pela forma falada (em razão do avanço dos meios de comunicação), por exemplo, a tentativa de injúria falada (oral) feita por meio de uma ligação de telefone celular, ou de uma conversa pelo computador conectado à internet, cujo sinal seja interrompido no momento em que o agente atribuía à vítima uma qualidade negativa (Masson, 2020, p. 186-187).

Quadro 3.3 – Sinopse do crime de injúria

Núcleo do tipo:	injuriar.
Elemento subjetivo do tipo:	dolo direto ou eventual (somente na modalidade dolosa).
Sujeito ativo:	qualquer pessoa.
Sujeito passivo:	apenas pessoa física, inclusive, os inimputáveis. Não é punível a injúria contra os mortos.
Objeto material do delito:	a pessoa contra qual é dirigida a conduta praticada pelo agente (Greco, 2015a, p. 457).
Bem jurídico protegido:	honra subjetiva.

Casos em que o juiz pode deixar de aplicar a pena – perdão judicial

§ 1º O juiz pode deixar de aplicar a pena:

I – quando o ofendido, de forma reprovável, provocou diretamente a injúria;

II – no caso de retorsão imediata que consista em outra injúria.

Fonte: Brasil, 1940, art. 140.

Desse modo, quando ofendido praticou ato provocante à injúria proferida, pode ocorrer o perdão judicial.

Quando se fala em **retorsão imediata**, como no caso do inciso II, significa dizer quando o agente injuriado inicialmente, imediatamente à injúria sofrida, pratica outra.

Modalidades qualificadas

a. Injúria real:

> § 2º Se a injúria consiste em violência ou vias de fato, que, por sua natureza ou pelo meio empregado, se considerem aviltantes:
>
> Pena – detenção, de três meses a um ano, e multa, além da pena correspondente à violência. (Brasil, 1940, art. 140)

É necessário que se tenha a intenção de humilhar a vítima.

b. Injúria preconceituosa:

> § 3º Se a injúria consiste na utilização de elementos referentes a raça, cor, etnia, religião, origem ou a condição de pessoa idosa ou portadora de deficiência:
>
> Pena – reclusão de um a três anos e multa. (Brasil, 1940, art. 140)

Devemos atentar para não confundir os crimes tipificados na Lei n. 7.716, de 5 de janeiro de 1989 (Brasil, 1989) com o crime de injúria preconceituosa. Neste último, almeja-se, tão somente, atingir a honra subjetiva da vítima; já nos crimes tipificados na Lei n. 7.716/1989, definem-se os crimes resultantes de discriminação ou preconceito de raça, cor, etnia ou religião.

Disposições legislativas que são aplicadas em comum aos crimes contra a honra

a. Causas de aumento de pena

As hipóteses do art. 141 do CP versam sobre a possibilidade de se aumentar a pena quando o crime foi praticado contra ou na presença das pessoas lá descritas, como segue:

> Art. 141. As penas cominadas neste Capítulo aumentam-se de um terço, se qualquer dos crimes é cometido:
>
> I – contra o Presidente da República, ou contra chefe de governo estrangeiro;
>
> II – contra funcionário público, em razão de suas funções;
>
> III – na presença de várias pessoas, ou por meio que facilite a divulgação da calúnia, da difamação ou da injúria.
>
> IV – contra pessoa maior de 60 (sessenta) anos ou portadora de deficiência, exceto no caso de injúria.
>
> Parágrafo único. Se o crime é cometido mediante paga ou promessa de recompensa, aplica-se a pena em dobro. (Brasil, 1940)

b. Exclusão do crime

Será excluído o crime de injúria ou difamação quando ocorrerem as hipóteses descritas no art. 142 do CP.

> Art. 142. Não constituem injúria ou difamação punível:
>
> I – a ofensa irrogada em juízo, na discussão da causa, pela parte ou por seu procurador;
>
> II – a opinião desfavorável da crítica literária, artística ou científica, salvo quando inequívoca a intenção de injuriar ou difamar;
>
> III – o conceito desfavorável emitido por funcionário público, em apreciação ou informação que preste no cumprimento de dever do ofício.
>
> Parágrafo único. Nos casos dos n. I e III, responde pela injúria ou pela difamação quem lhe dá publicidade. (Brasil, 1940)

c. Retratação

É admitida a retratação na hipótese do art. 143 do CP:

> Art. 143. O querelado que, antes da sentença, se retrata cabalmente da calúnia ou da difamação, fica isento de pena.
>
> Parágrafo único. Nos casos em que o querelado tenha praticado a calúnia ou a difamação utilizando-se de meios de comunicação, a retratação dar-se-á, se assim desejar o ofendido, pelos mesmos meios em que se praticou a ofensa. (Brasil, 1940)

> A retratação é uma causa de extinção de punibilidade prevista, expressamente, no art. 107, inciso VI, do CP (Brasil, 1940).
> A retratação não é possível nos crimes de injúria, apenas nos delitos de calúnia e de difamação.
> No caso de concurso de agentes, a retratação de um agente não irá se comunicar aos demais, ou seja, ela é incomunicável.
> A retratação deve ocorrer antes da sentença.
> A **exceção da verdade** é incompatível com o crime de injúria por ausência de previsão legal.

d. Pedido de explicações

> Art. 144. Se, de referências, alusões ou frases, se infere calúnia, difamação ou injúria, quem se julga ofendido pode pedir explicações em juízo. Aquele que se recusa a dá-las ou, a critério do juiz, não as dá satisfatórias, responde pela ofensa. (Brasil, 1940)

Essa é a possibilidade (faculdade) de a vítima vir, em juízo, com a queixa crime e pedir explicações como medida preliminar.

Capítulo 4

Crimes contra a liberdade individual

A liberdade pode ser compreendida como ausência de coação para fazer ou não fazer algo. A liberdade individual da pessoa é a liberdade de manifestação de vontade do ser humano e a Constituição da República, no art. 5º, inciso II (Brasil, 1988), garante a todos que ninguém será obrigado a fazer ou não fazer alguma coisa senão em virtude de lei.

— 4.1 —
Constrangimento ilegal

O crime previsto no art. 146 do Código Penal (CP) abriga a liberdade da "formação e atuação da vontade, da autodeterminação, de fazer ou não fazer alguém aquilo que deliberar" (Cunha, 2019, p. 207).

É necessário que se imponha comportamento **certo** e **determinado** à vítima. E o constrangimento ilegal deve ser **ilegal**, ou seja, "ação ou omissão pretendida pelo sujeito ativo deve estar em desconformidade com a legislação em vigor" (Masson, 2014a, p. 231).

Ressaltamos que são cabíveis os benefícios da Lei n. 9.099, de 26 de setembro de 1995 (Brasil, 1995), mesmo que incidente a majorante do parágrafo 1º, art. 146, do CP (Brasil, 1940).

> Art. 146. Constranger alguém, mediante violência ou grave ameaça, ou depois de lhe haver reduzido, por qualquer outro meio, a capacidade de resistência, a não fazer o que a lei permite, ou a fazer o que ela não manda:
>
> Pena – detenção, de três meses a um ano, ou multa. (Brasil, 1940)

Conforme Masson (2020, p. 219), o crime de constrangimento ilegal pode ser classificado como:

- crime comum;
- crime doloso;
- crime de forma livre;
- crime material;
- crime simples;
- crime unissubsistente (regra)
- crime plurissubsistente
- crime instantâneo;
- crime de dano;
- crime subsidiário.

— 4.1.1 —
Núcleo do tipo

O núcleo do tipo é o verbo *constranger*.

— 4.1.2 —
Elemento subjetivo do tipo

É o dolo, seja direto, seja eventual (somente na modalidade dolosa).

O tipo exige que o agente tenha se dirigido finalisticamente a coagir a vítima a fazer algo que a lei não manda ou proíbe (modalidade comissiva). É o que Greco (2015a, p. 491) chama de *especial fim de agir*.

É possível que ocorra o crime na modalidade omissiva, desde que o agente esteja em posição de garante em relação à vítima.

— 4.1.3 —
Sujeitos do crime

De modo geral, o sujeito ativo pode ser qualquer pessoa, visto que se trata de crime comum.

Quanto ao sujeito passivo, podem ser pessoa, desde que tenha capacidade de discernimento para entender que está sendo constrangida.

Se o crime for praticado por funcionário público no exercício da sua função, incidirá o art. 3º, alínea "a", da Lei n. 4.898, de 9 de dezembro de 1965 – Lei de Abuso de Autoridade (Brasil, 1965).

— 4.1.4 —
Objeto material e bem jurídico protegido do delito

O objeto material do crime de constrangimento ilegal é a pessoa que, em razão dos meios utilizados pelo agente, é obrigada a não fazer o que a lei permite, ou fazer o que ela não manda (Greco, 2015a, p. 490).

O bem jurídico protegido é a liberdade individual, tanto psíquica quanto física (Prado; Carvalho; Carvalho, 2014, p. 797).

— 4.1.5 —
Consumação e tentativa

A consumação ocorre quando a vítima (constrangida) faz ou deixa de fazer algo em decorrência da violência ou grave ameaça realizada pelo agente.

A tentativa é compatível com o presente delito em razão de se tratar de crime plurissubsistente.

Quadro 4.1 – Sinopse do crime de constrangimento ilegal

Núcleo do tipo:	constranger.
Elemento subjetivo do tipo:	dolo direto ou eventual (somente na modalidade dolosa).
Sujeito ativo:	qualquer pessoa.
Sujeito passivo:	qualquer pessoa física, com capacidade de discernimento.
Objeto material do delito:	pessoa que, em razão dos meios utilizados pelo agente, é obrigada a não fazer o que a lei permite, ou fazer o que ela não manda (Greco, 2015a, p. 490).
Bem jurídico protegido:	liberdade individual – psíquica e física (Prado; Carvalho; Carvalho, 2014, p. 797).

Causas de aumento de pena

"As penas aplicam-se cumulativamente e em dobro, quando, para a execução do crime, se reúnem mais de três pessoas, ou há emprego de armas" (Brasil, 1940, art. 146, § 1º). Cumulativamente significa a reunião de mais de três pessoas, ou seja, no mínimo, quatro pessoas, para a prática do constrangimento, ou "a utilização do emprego de armas, as penas que, inicialmente, eram alternativas, ou seja, privativa de liberdade ou multa, passam a ser cumulativas, quer dizer, privação de liberdade mais a pena pecuniária" (Greco, 2015a, p. 492).

Concurso de crimes

"Além das penas cominadas, aplicam-se as correspondentes à violência" (Brasil, 1940, art. 146, § 2º). Mesmo que a violência seja uma das elementares do tipo do constrangimento ilegal, o legislador entendeu por puni-la de forma distinta. Assim, além das penas cominadas a esse tipo penal, também serão aplicadas as que dizem respeito à violência praticada, como, por exemplo, o uso do crime de lesão corporal como meio para a prática do crime de constrangimento ilegal.

É um caso de concurso material de crimes (parte da doutrina tem esse entendimento).

Segundo Greco (2015a, p. 493), é um caso de concurso formal impróprio ou imperfeito, nos termos do art. 70 do CP.

Causas que conduzem à atipicidade do fato

> § 3º Não se compreendem na disposição deste artigo:
>
> I - a intervenção médica ou cirúrgica, sem o consentimento do paciente ou de seu representante legal, se justificada por iminente perigo de vida;
>
> II - a coação exercida para impedir suicídio. (Brasil, 1940, art. 146)

Diante do exposto no parágrafo 3º do art. 146 do CP (Brasil, 1940), observamos que, nos casos de necessidade de intervenção médica ou cirúrgica, mesmo que sem o consentimento do paciente, ou nos casos de coação exercida para impedir o suicídio, a conduta será atípica.

Consentimento do ofendido

É possível o consentimento do ofendido para afastar a ilicitude do comportamento praticado pelo agente, desde que presentes os requisitos de disponibilidade do bem, capacidade para consentir, e que o consentimento tenha sido prévio ou de forma simultânea.

— 4.2 —
Crime de ameaça

O delito de ameaça está contido no art. 147 do CP (Brasil, 1940). De acordo com as lições de Nelson Hungria, a ameaça pode ser direta, indireta, explícita e implícita (Hungria, citado por Greco, 2015a, p. 502):

a. ameaça direta: quando o mal anunciado se refere à pessoa ou ao patrimônio do sujeito passivo;

b. ameaça indireta: dano a uma pessoa vinculada ao sujeito passivo por especiais relações de afeto;

c. ameaça explícita: feita de forma expressa, declarada, manifesta, sem subentendidos;

d. ameaça implícita: feita de forma velada, deixada nas "entrelinhas", por exemplo, quando o agente diz à vítima que "não tem medo de ir para a cadeia".

Bitencourt (2014a, p. 443) acrescenta mais uma modalidade ao crime de ameaça: a ameaça condicional, aquela que depende de um fato do sujeito, por exemplo, quando se diz "se fulano me denunciar, eu mato você".

Ressaltamos que o mal prometido no delito de ameaça deve ser aquele capaz de infundir temor à vítima:

> Art. 147. Ameaçar alguém, por palavra, escrito ou gesto, ou qualquer outro meio simbólico, de causar-lhe mal injusto e grave:
>
> Pena – detenção, de um a seis meses, ou multa.
>
> Parágrafo único – Somente se procede mediante representação (Brasil, 1940).

Conforme Masson (2014a, p. 230), o crime de ameaça pode ser classificado como:

- crime comum;
- crime doloso;
- crime de forma livre;
- crime unilateral (regra);
- crime unissubsistente ou plurissubsistente
- crime instantâneo;
- crime subsidiário.

— 4.2.1 —
Núcleo do tipo

O núcleo do tipo é o verbo *ameaçar*.

— 4.2.2 —
Elemento subjetivo do tipo

É o dolo, ou seja, a vontade consciente de intimidar alguém (somente na modalidade dolosa). Pode ser o dolo direto ou eventual.

Atente que o estado de ira não afasta o delito de ameaça, pois subsiste o dolo do agente.

— 4.2.3 —
Sujeitos do crime

De modo geral, o sujeito ativo pode ser qualquer pessoa, visto que se trata de crime comum. Quanto ao sujeito passivo, pode ser qualquer pessoa, desde que tenha capacidade de discernimento para entender que sua liberdade psíquica está sendo ameaçada.

Se o crime for praticado por funcionário público no exercício da sua função, incidirá o art. 3º, alínea "a", da Lei n. 4.898/1965 (Lei de Abuso de Autoridade).

— 4.2.4 —
Objeto material e bem jurídico protegido do delito

O objeto material do delito de ameaça é a pessoa contra a qual é dirigida a conduta praticada pelo agente.

O bem jurídico protegido é a liberdade pessoal (física e psíquica) da pessoa humana.

— 4.2.5 —
Consumação e tentativa

A consumação se dá quando a ameaça é feita, por isso trata-se de crime formal. Entretanto, não há a necessidade de presença da vítima no momento em que é proferida a ameaça.

A tentativa é compatível com o presente delito, a depender de seu meio de execução. Entende-se ser possível, em razão de se tratar de crime plurissubsistente, por exemplo, a ameaça por escrito ou correspondência que não chega a seu destino.

Quadro 4.2 – Sinopse do crime de ameaça

Núcleo do tipo:	ameaçar.
Elemento subjetivo do tipo:	dolo direto ou eventual (somente na modalidade dolosa).
Sujeito ativo:	qualquer pessoa.
Sujeito passivo:	pessoa física com capacidade para discernir a promessa do mal injusto e que se sinta intimidado.
Objeto material do delito:	pessoa contra qual é dirigida a conduta praticada pelo agente.
Bem jurídico protegido:	liberdade pessoal física e psíquica.

Ameaça supersticiosa

É possível a ameaça que se vale de meios supersticiosos, desde que ela seja capaz de causar temor, ou seja, ofenda o bem jurídico protegido do delito do art. 147 do CP (Masson, 2020, p. 227).

— 4.3 —
Sequestro e cárcere privado

Inicialmente, importante mencionar que sequestro e cárcere privado significam a mesma coisa para esse tipo penal: "Privar alguém de sua liberdade, mediante sequestro ou cárcere privado: Pena – reclusão, de um a três anos" (Brasil, 1940, art. 148).

Sequestro e cárcere privado são meios de privar alguém da sua liberdade de locomoção, ou seja, a liberdade de ir e vir.

Existem **modalidades qualificadas** do crime, descritas no art. 148 do CP, parágrafos 1º e 2º:

> § 1º A pena é de reclusão, de dois a cinco anos:
>
> I – se a vítima é ascendente, descendente, cônjuge ou companheiro do agente ou maior de 60 (sessenta) anos;
>
> II – se o crime é praticado mediante internação da vítima em casa de saúde ou hospital;
>
> III – se a privação da liberdade dura mais de quinze dias.
>
> IV – se o crime é praticado contra menor de 18 (dezoito) anos;

V – se o crime é praticado com fins libidinosos.

§ 2º Se resulta à vítima, em razão de maus-tratos ou da natureza da detenção, grave sofrimento físico ou moral:

Pena – reclusão, de dois a oito anos. (Brasil, 1940, art. 148)

No inciso II, o artigo se refere aos casos de intenções desnecessárias, ou seja, aquelas internações com o único fim de afastar a pessoa do seu convívio social.

Vale destacar que, nas hipóteses de subtração de roupas de uma mulher que está se banhando em um rio, por exemplo, é uma forma de praticar o delito em questão, uma vez que a mulher não teria coragem de sair daquele local sem as suas roupas (Greco, 2015a, p. 528).

Diante da pena cominada no *caput*, admite-se a suspensão condicional do processo em conformidade com o que dispõe a Lei n. 9.099/1995 (Brasil, 1995).

Conforme Masson (2020, p. 231), o crime de sequestro e cárcere privado pode ser classificado como:

- crime comum;
- crime material;
- crime doloso;
- crime de forma livre;
- crime comissivo ou omissivo;
- crime unissubsistente ou plurissubsistente
- crime permanente;

- crime unissubjetivo (regra);
- crime subsidiário.

— 4.3.1 —
Núcleo do tipo

O núcleo do tipo é o verbo *privar*.

— 4.3.2 —
Elemento subjetivo do tipo

É o dolo consistente na vontade consciente de privar a liberdade de uma pessoa. O especial fim de agir é dispensado.

Ao analisar o "especial fim de agir" do agente, poderá ser identificado outro tipo penal, por exemplo, o crime de redução à condição análoga de escravo, extorsão mediante sequestro etc.

— 4.3.3 —
Sujeitos do crime

Qualquer pessoa pode ser ou sujeito passivo ou ativo do crime, visto que se trata de crime comum.

Se o crime for praticado por funcionário público no exercício da sua função, incidirá o art. 3º, alínea "a", da Lei n. 4.898/1965 (Lei de Abuso de Autoridade).

Se existir o consentimento do ofendido, a conduta do agente será atípica, pois se trata de bem juridicamente protegido que pode ser disponível (liberdade de locomoção).

— 4.3.4 —
Objeto material e bem jurídico protegido do delito

O objeto material do delito é a pessoa privada da liberdade.

O bem jurídico protegido é liberdade pessoal (física) da pessoa humana.

— 4.3.5 —
Consumação e tentativa

A consumação se dá com a efetiva impossibilidade de locomoção da vítima.

A tentativa é compatível com o presente delito porque entende-se ser possível em razão de se tratar de crime plurissubsistente, no entanto, no caso de a vítima se ver limitada no seu direito de ir e vir, entende-se que está consumado o delito.

Quadro 4.3 – Sinopse do crime de sequestro e cárcere privado

Núcleo do tipo:	privar.
Elemento subjetivo do tipo	dolo direto ou eventual (somente na modalidade dolosa).
Sujeito ativo	qualquer pessoa.
Sujeito passivo	qualquer pessoa.
Objeto material do delito	pessoa privada da liberdade.
Bem jurídico protegido	liberdade pessoal física.

Capítulo 5

Crimes contra o patrimônio

Nos crimes contra o patrimônio, protege-se a propriedade, a posse e a detenção legítima da coisa móvel (Cunha, 2019, p. 273-274).

— 5.1 —
Furto

O crime de furto é um dos crimes contra o patrimônio constantes no Código Penal (CP). Nele, protege-se a propriedade, a posse e a detenção legítima do bem móvel.

O ser humano não é coisa, mas é possível o furto de partes do corpo humano, bem como de cadáver; por exemplo, um cadáver de laboratório acadêmico do curso de medicina.

Menciona-se, no crime de furto, a posse legítima em virtude de que ladrão que subtrai ladrão pratica furto, no entanto a vítima a ser considerada será o real dono da coisa (legítimo possuidor).

Furto
Art. 155. Subtrair, para si ou para outrem, coisa alheia móvel:
Pena – reclusão, de um a quatro anos, e multa.
§ 1º A pena aumenta-se de um terço, se o crime é praticado durante o repouso noturno.

§ 2º Se o criminoso é primário, e é de pequeno valor a coisa furtada, o juiz pode substituir a pena de reclusão pela de detenção, diminuí-la de um a dois terços, ou aplicar somente a pena de multa.

§ 3º Equipara-se à coisa móvel a energia elétrica ou qualquer outra que tenha valor econômico.

Furto qualificado

§ 4º A pena é de reclusão de dois a oito anos, e multa, se o crime é cometido:

I – com destruição ou rompimento de obstáculo à subtração da coisa;

II – com abuso de confiança, ou mediante fraude, escalada ou destreza;

III – com emprego de chave falsa;

IV – mediante concurso de duas ou mais pessoas.

§ 4º A pena é de reclusão de 4 (quatro) a 10 (dez) anos e multa, se houver emprego de explosivo ou de artefato análogo que cause perigo comum. (Incluído pela Lei n. 13.654, de 2018)

§ 5º A pena é de reclusão de três a oito anos, se a subtração for de veículo automotor que venha a ser transportado para outro Estado ou para o exterior.

§ 6º A pena é de reclusão de 2 (dois) a 5 (cinco) anos se a subtração for de semovente domesticável de produção, ainda que abatido ou dividido em partes no local da subtração.

> § 7º A pena é de reclusão de 4 (quatro) a 10 (dez) anos e multa, se a subtração for de substâncias explosivas ou de acessórios que, conjunta ou isoladamente, possibilitem sua fabricação, montagem ou emprego. (Incluído pela Lei n. 13.654, de 2018).
>
> Fonte: Brasil, 1940.

Quando a lei menciona "repouso noturno" (causa de aumento de pena), devemos analisar os costumes da região em que ocorreu o crime. "Repouso noturno" não pode ser confundido com "noite", visto que, em determinado local, pode considerar-se que já é noite, porém não estar caracterizado o repouso noturno. Podemos exemplificar o horário das 21h, na Avenida Paulista, em São Paulo. Assim, existem regiões em que o horário a ser considerado noite podem variar, uma vez que isso depende dos costumes locais.

Em hipótese alguma, a causa de aumento de pena pode ser aplicada em crimes ocorridos durante o dia, ainda que tal período configure repouso para determinada pessoa (Masson, 2020, p. 333).

Conforme Masson (2020, p. 314), o crime de furto pode ser classificado como:

- crime comum;
- crime material;
- crime de forma livre;
- crime plurissubsistente (regra);

- crime instantâneo (regra) ou permanente (exceção – art. 155, § 3º);
- crime de dano;
- crime unissubjetivo.

— 5.1.1 —
Núcleo do tipo

O núcleo do tipo é o verbo *subtrair*.

— 5.1.2 —
Elemento subjetivo do tipo

É o dolo consistente na vontade consciente de subtrair a coisa (*animus furandi*) para si ou para outra pessoa. Trata-se do fim de assenhoramento da coisa. No crime de furto, o agente, após o delito, comporta-se como se dono da coisa fosse.

Não se admite o crime de furto na modalidade culposa.

— 5.1.3 —
Sujeitos do crime

Qualquer pessoa pode ser sujeito ativo do crime, uma vez que se trata de crime comum.

Se o crime for praticado por funcionário público, ou ele concorre para a ação, valendo da facilidade de seu cargo, pratica o crime de peculato impróprio.

O sujeito passivo é o proprietário ou o possuidor legítimo da coisa, o qual pode ser pessoa física ou jurídica. Caso não seja possível a identificação do sujeito passivo, não ocorrerá o afastamento da tipicidade do delito.

Nos casos de **furto doméstico**, o sujeito ativo será o empregado doméstico.

— 5.1.4 —
Objeto material e bem jurídico protegido do delito

Os objetos materiais do delito são a propriedade, a posse e a detenção legítima da coisa alheia móvel.

O bem jurídico protegido é o patrimônio.

Não podem ser objetos de furto:

- direitos reais;
- direitos pessoais;
- coisas que não pertencem a ninguém (*res nullius*);
- coisa que já pertenceu a alguém, no entanto foi abandonada pelo proprietário (*res derelicta*);
- coisas de uso comum, embora sejam de todos, por exemplo, o ar, a luz etc. (*res comune omnium*).

— 5.1.5 —
Consumação e tentativa

A consumação se dá com a efetiva retirada da coisa da esfera de disponibilidade da vítima, independentemente de posse tranquila do agente sobre a coisa.

Segundo entendimento jurisprudencial dominante, a seguir, "se dá no momento em que o agente torna-se possuidor da coisa alheia móvel subtraída, sendo prescindível até mesmo que a *res* saia da esfera de vigilância da vítima, ou que o agente exerça a posse tranquila daquela" (Rio Grande do Sul, 2014). Portanto, aplica-se a teoria da *amotio* (ou *apprehensio*), segundo a qual se dá a consumação quando a coisa subtraída passa para o poder do agente, mesmo que em um espaço curto de tempo, independentemente de deslocamento ou posse mansa e pacífica.

Nesse sentido, os tribunais superiores decidiram, por exemplo, no *Habeas Corpus* n. 135.674/PE, Segunda Turma, Rel. Min. Ricardo Lewandowski (Brasil, 2016c), bem como na jurisprudência atual a seguir:

> Trata-se de agravo contra decisão em que se negou seguimento ao recurso extraordinário interposto em face de acórdão assim ementado: "APELAÇÃO-CRIME. FURTO MAJORADO E DUPLAMENTE QUALIFICADO. REPOUSO NOTURNO. ROMPIMENTO DE OBSTÁCULO E ESCALADA. 1. ÉDITO CONDENATÓRIO. MANUTENÇÃO. Prova amplamente incriminatória. Confissão levada a efeito pelo réu plenamente corroborada pela narrativa da vítima e testemunhas, detalhando

que danificando as telhas, o increpado teve acesso ao estabelecimento comercial pelo telhado e do local subtraiu a importância em dinheiro e a caixa de chocolate. Através da empresa de segurança privada, a polícia foi acionada e realizou a prisão em flagrante do acusado, na posse da res. Prova segura à condenação, que vai mantida. 2. **PRINCÍPIO DA INSIGNIFICÂNCIA. INAPLICABILIDADE.** Para o reconhecimento do princípio da insignificância, que vem sendo admitido pela doutrina e jurisprudência como causa de exclusão da tipicidade, sob o ponto de vista material da conduta, vários fatores devem concorrer, não bastando apenas que o objeto do crime seja de valor irrisório, mas **deve-se levar em consideração o impacto que a conduta vier a gerar no patrimônio da vítima, bem como as condições subjetivas do beneficiário e a gravidade do delito em si.** Hipótese na qual o valor da 'res furtiva', avaliada em R$ 80,00, corresponde a praticamente 10% do salário-mínimo da época, que era de R$ 880,00 – não podendo ser tido como insignificante. Sobreleva o desvalor mais acentuado da conduta, de maior lesividade, tipificada como furto majorado duplamente qualificado, não se coadunando com o crime de bagatela, em face de seu maior grau de reprovabilidade. **Condições subjetivas do agente** que não recomendam a aplicação do princípio da insignificância, na medida em possui 1 condenação provisória e 1 processo em andamento, por crimes anteriores. O fato de a 'res' ter sido restituída, inexistindo prejuízo financeiro à vítima, não importa em atipicidade da conduta. Precedentes do E. ST] e do E. STF. Tipicidade material afirmada 3. TENTATIVA. NÃO RECONHECIMENTO. DELITO CONSUMADO. **A consumação do delito de furto, segundo entendimento jurisprudencial dominante, se dá no momento em que o agente torna-se possuidor da coisa alheia móvel subtraída, sendo prescindível até mesmo que a res saia da esfera de vigilância da vítima ou que o agente exerça a posse tranquila daquela. **Teoria da Amado ou da Apprehensio. Precedente do E. STJ, em sede de recurso repetitivo.** Caso em que houve inversão da posse. Réu que, após a subtração exitosa, já fora do estabelecimento comercial, foi preso pela polícia na posse da res. **Impossibilidade do reconhecimento da tentativa** [...]. (Brasil, 2019e, grifo nosso)

Contudo, existe doutrina que defende que, para restar consumado o delito, necessita-se da posse tranquila da coisa furtada (Prado, 2020, p. 607).

A tentativa é compatível com o presente delito. Entende-se ser possível em razão de se tratar de crime plurissubsistente.

Muito se discutiu se a existência de instalação de sistema de vigilância tornaria impossível a consumação do furto. O entendimento dominante é de que só a instalação de sistema de vigilância não torna impossível a consumação do crime (Súmula n. 567 do Supremo Tribunal de Justiça[1]). Assim, esse aparato de segurança dificulta a consumação do delito, mas não torna automaticamente o crime tentado ou impossível. Deve-se sempre analisar o caso e as circunstâncias do caso em concreto.

Nesse sentido, segue a jurisprudência do Supremo Tribunal Federal, de 22 de agosto de 2017, da Segunda Turma, a qual

---

1 Súmula n. 567 do STJ: "Sistema de vigilância realizado por monitoramento eletrônico ou por existência de segurança no interior de estabelecimento comercial, por si só, não torna impossível a configuração do crime de furto" (Brasil, 2016b).

deu provimento ao Recurso Extraordinário com Agravo ARE n. 144.516/SC para reconhecer a atipicidade da conduta imputada do recorrente:

> EMENTA Recurso ordinário em habeas corpus. Penal. Furto simples tentado. Artigo 155, caput, em combinação com o art. 14, inciso II, ambos do Código Penal. Conduta delituosa praticada em loja de departamento. Estabelecimento vítima que exerceu a vigilância direta sobre a conduta do paciente. Acompanhamento ininterrupto de todo o iter criminis. Ineficácia absoluta do meio empregado para a consecução do delito, dadas as circunstâncias do caso concreto. Crime impossível caracterizado. Artigo 17 do Código Penal. Atipicidade da conduta. Recurso provido. Com fundamento diverso, votaram pelo provimento do recurso os eminentes Ministros Celso de Mello e Edson Fachin. **1. A forma específica mediante a qual os funcionários do estabelecimento vítima exerceram a vigilância direta sobre a conduta do paciente, acompanhando ininterruptamente todo o iter criminis, tornou impossível a consumação do crime, dada a ineficácia absoluta do meio empregado.** Tanto isso é verdade que, no momento em que se dirigia para a área externada do estabelecimento comercial sem efetuar o pagamento do produto escolhido, o paciente foi abordado na posse do bem, sendo esse restituído à vítima. 2. De rigor, portanto, diante dessas circunstâncias, a incidência do art. 17 do Código Penal, segundo o qual "não se pune a tentativa quando, por ineficácia absoluta do meio ou por absoluta impropriedade do objeto, é impossível consumar-se o crime". 3. Esse entendimento não conduz, automaticamente,

à atipicidade de toda e qualquer subtração em estabelecimento comercial que tenha sido monitorada pelo corpo de seguranças ou pelo sistema de vigilância, sendo imprescindível, para se chegar a essa conclusão, a análise individualizada das circunstâncias de cada caso concreto. 4. Recurso provido para conceder a ordem de habeas corpus, reconhecendo-se a atipicidade da conduta imputada ao paciente na Ação Penal 0000802-76.2016.8.24.0039, com fundamento no art. 17 do Código Penal. 5. Com fundamento diverso, votaram pelo provimento do recurso os einentes Ministros Celso de Mello e Edson Fachin. (Brasil, 2018c, grifo nosso).

Quadro 5.1 – Sinopse do crime de furto

Núcleo do tipo:	subtrair.
Elemento subjetivo do tipo:	dolo direto.
Sujeito ativo:	qualquer pessoa, exceto o proprietário da coisa subtraída.
Sujeito passivo:	proprietário, possuidor ou detentor da coisa.
Objeto material do delito:	coisa alheia móvel.
Bem jurídico protegido:	patrimônio.

Modalidade de furto privilegiado (apenas o § 2º)

§ 2º Se o criminoso é primário, e é de pequeno valor a coisa furtada, o juiz pode (deve) substituir a pena de reclusão pela de detenção, diminuí-la de um a dois terços, ou aplicar somente a pena de multa. (Brasil, 1940, art. 155)

É possível o furto privilegiado-qualificado, desde que a qualificadora seja de ordem objetiva, ou seja, todas menos o inciso II.

Modalidade furto qualificado

As modalidades de furto qualificado são referentes ao meio de execução do crime de furto:

> § 4º A pena é de reclusão de dois a oito anos, e multa, se o crime é cometido:
>
> I – com destruição ou rompimento de obstáculo à subtração da coisa;
>
> II – com abuso de confiança, ou mediante fraude, escalada ou destreza;
>
> III – com emprego de chave falsa;
>
> IV – mediante concurso de duas ou mais pessoas; (Brasil, 1940, art. 155)

Escalada, como citado no inciso II, implica o agente utilizar-se de via incomum (uso de esforço incomum) para alcançar a coisa almejada. Falar em destreza implica a qualidade física ou mental do agente de praticar o crime, fazendo com que seja despercebido da vítima, por exemplo, os "batedores de carteira".

Chave falsa é qualquer instrumento capaz de abrir fechaduras, não precisando ser, necessariamente, uma chave falsa.

> **E quando se destrói o próprio bem furtado?**
> Nesses casos, a destruição do objeto deve se dar antes ou durante a subtração do objeto, mas, sempre, antes da consumação, pois, do contrário, ocorrerá o crime de furto (simples ou qualificado por outra circunstância) em concurso material com o dano (Masson, 2020, p. 337).

Há a **necessidade de perícia**, salvo em caso de ausência de vestígios, quando a prova testemunhal, como segue a jurisprudência:

> A Jurisprudência desta Corte consolidou-se no sentido da necessidade de perícia para a caracterização do rompimento de obstáculo, salvo em caso de ausência de vestígios, quando a prova testemunhal poderá suprir-lhe a falta, conforme a exegese dos arts. 158 e 167 do Código de Processo Penal. 2. Na espécie, a inexistência da perícia restou justificada no fato da vítima ter efetuado o reparo da porta violada, dando causa, assim, ao desaparecimento dos vestígios do arrombamento em sua residência. 3. Tratando-se, in casu, de causa idônea de desaparecimento de vestígios – inclusive reconhecida na doutrina e em precedente da Sexta Turma –, é o caso de

admitir o depoimento da vítima e a confissão do acusado como meios de prova da qualificadora prevista no inciso I do § 4º do art. 155 do Código Penal. 4. Ordem denegada." (Brasil, 2012d)

AGRAVO EM RECURSO ESPECIAL N. 1634367-RS (2019/0373281-6) RELATOR: MINISTRO REYNALDO SOARES DA FONSECA AGRAVANTE: KLEBER ULISSES TAKEUCHI NAVARRO ADVOGADOS: LUIZ GUSTAVO PUPERI-RS064134 FERNANDA LOUREIRO DE ALMEIDA-RS106010 AGRAVADO: MINISTÉRIO PÚBLICO DO ESTADO DO RIO GRANDE DO SUL DECISÃO Trata-se de agravo interposto por KLEBER ULISSES TAKEUCHI NAVARRO, em adversidade à decisão que inadmitiu recurso especial manejado com fundamento nas alíneas a e c do permissivo constitucional, contra acórdão do Tribunal de Justiça do Estado do Rio Grande do Sul, cuja ementa é a seguinte (e-STJ fls. 477/478): APELAÇÃO CRIME. CRIMES CONTRA O PATRIMÔNIO. FURTOS SIMPLES E QUALIFICADO PELO ROMPIMENTO DE OBSTÁCULO E TENTATIVA DE FURTO. SUFICIÊNCIA PROBATÓRIA. CONDENAÇÃO E QUALIFICADORA MANTIDAS. APENAMENTO E REGIME READEQUADOS. 1. O conjunto probatório, formado pela prisão em flagrante do réu na posse de parte dos bens subtraídos, bem como pela prova oral colhida, autoriza a sua condenação pelo delito de furto simples, pelo delito de furto qualificado pelo rompimento de obstáculo e pela tentativa de furto. 2. Mantida a qualificadora do rompimento de obstáculo, em relação ao 2º fato, comprovada pela prova oral, no sentido de que foi quebrado o vidro do carro da vítima para viabilizar o acesso ao bem subtraído, até porque não se poderia exigir que ela aguardasse a realização da perícia para efetuar o conserto, sob pena de vir a sofrer novas investidas criminosas.

Ademais, quando os vestígios desaparecem, a realização da perícia técnica pode ser suprida por outros meios de provas, a exemplo da oral, a qual, na espécie, demonstra a efetiva ocorrência do rompimento de obstáculo. [...] HABEAS CORPUS. FURTO. DESTRUIÇÃO OU ROMPIMENTO DE OBSTÁCULO. VESTÍGIOS DESAPARECIDOS. PERÍCIA. AUSÊNCIA. PROVA TESTEMUNHAL. ADMISSIBILIDADE. QUALIFICADORA RECONHECIDA. 1. A Jurisprudência desta Corte consolidou-se no sentido da necessidade de perícia para a caracterização do rompimento de obstáculo, salvo em caso de ausência de vestígios, quando a prova testemunhal poderá suprir-lhe a falta, conforme a exegese dos arts. 158 e 167 do Código de Processo Penal. 2. Na espécie, a inexistência da perícia restou justificada no fato da vítima ter efetuado o reparo da porta violada, dando causa, assim, ao desaparecimento dos vestígios do arrombamento em sua residência. 3. Tratando-se, in casu, de causa idônea de desaparecimento de vestígios–inclusive reconhecida na doutrina e em precedente da Sexta Turma –, é o caso de admitir o depoimento da vítima e a confissão do acusado como meios de prova da qualificadora prevista no inciso I do § 4º do art. 155 do Código Penal. 4. Ordem denegada. (HC 188.718/DF, Rel. Ministro SEBASTIÃO REIS JÚNIOR, SEXTA TURMA, julgado em 7/2/2012, DJe 21/3/2012). Desse modo, não merece prosperar a tese defensiva de afastamento da qualificadora do rompimento de obstáculo, por suposta ausência de perícia válida. Ante o exposto, com fundamento no art. 932, inciso VIII, do CPC, c/c o art. 253, parágrafo único, inciso II, alínea b, par te final, do RISTJ, conheço do agravo para negar provimento ao recurso especial. Intimem-se. Brasília, 13 de abril de 2020. (Brasil, 2020a)

Importante mencionar que os parágrafos 4º e 7º sofreram alterações com a Lei n. 13.654, de 23 de abril de 2018 (Brasil, 2018a), as quais seguem destacadas:

> § 4º A pena é de reclusão de 4 (quatro) a 10 (dez) anos e multa, se houver **emprego de explosivo ou de artefato análogo** que cause perigo comum.
>
> § 5º A pena é de reclusão de três a oito anos, se a subtração for de veículo automotor que venha a ser transportado para outro Estado ou para o exterior.
>
> § 6º A pena é de reclusão de 2 (dois) a 5 (cinco) anos se a subtração for de semovente domesticável de produção, ainda que abatido ou dividido em partes no local da subtração.
>
> § 7º A pena é de reclusão de 4 (quatro) a 10 (dez) anos e multa, se a **subtração for de substâncias explosivas ou de acessórios** que, conjunta ou isoladamente, possibilitem sua fabricação, montagem ou emprego. (Brasil, 1940, art. 155, grifo nosso)

a. **Furto famélico *versus* furto de estado de precisão:**

Furto famélico é causa de exclusão de ilicitude pelo estado de necessidade do agente, por exemplo, quando se subtrai o alimento para sobreviver. Já o estado de precisão não é abrangido pelo estado de necessidade. Exemplo de estado de precisão: é quando o agente pratica o crime de furto por estar em momento de dificuldades econômicas, ou seja, crise financeira.

b. O **princípio da insignificância no furto é possível**, desde que presentes os seus requisitos objetivos e subjetivos, e é aplicado ao delito de furto simples, ou seja, é uma causa de exclusão da **tipicidade**.

- a mínima ofensividade da conduta do agente;
- nenhuma periculosidade social da ação;
- reduzidíssimo grau de reprovabilidade do comportamento;
- inexpressividade da lesão jurídica provocada.

c. Não se admite modalidade culposa.
d. Erro de tipo que exclui o dolo.

Se o agente que em um primeiro momento se encontra em erro de tipo, e ao descobrir que tal objeto não lhe pertence e se mantém nessa situação responderá por apropriação indébita do art. 168 do CP (Brasil, 1940).

e. **Furto de uso**: é a intenção de utilizar momentaneamente a coisa subtraída, restituição imediatamente e de forma intacta da coisa. Exclui a tipicidade da conduta.
f. No furto simples (*caput*), é possível a **suspensão condicional do processo**, em razão da pena cominada.

Furto mediante fraude *versus* estelionato

Um não se confunde com outro, pois, no primeiro, a fraude ambiciona diminuir a vigilância da vítima para consumir o crime

> de furto. Já no estelionato a fraude ambiciona fazer com que a vítima incorra em erro e entregue, espontaneamente, a coisa para o agente.

— 5.2 —
Roubo

Os crimes de furto e de roubo estão presentes nos três Códigos Penais brasileiros: Código Criminal de 1830, Código Republicano de 1890 e o atual CP (Brasil, 1940).

É um crime complexo, pois ocorre a fusão de dois outros delitos: o delito de furto e o delito de constrangimento legal.

O delito de roubo sofreu importantes alterações com o advento da Lei n. 13.654/2018 (Brasil, 2018a) e da Lei n. 13.964, de 24 de dezembro de 2019 (Brasil, 2019b), as quais estão destacadas a seguir:

> Art. 157. Subtrair coisa móvel alheia, para si ou para outrem, mediante grave ameaça ou violência a pessoa, ou depois de havê-la, por qualquer meio, reduzido à impossibilidade de resistência:
> Pena – reclusão, de quatro a dez anos, e multa.
> § 1º Na mesma pena incorre quem, logo depois de subtraída a coisa, emprega violência contra pessoa ou grave ameaça, a fim

de assegurar a impunidade do crime ou a detenção da coisa para si ou para terceiro.

§ 2º A pena aumenta-se de 1/3 (um terço) até metade: (Redação dada pela Lei n. 13.654, de 2018)

I – (revogado); (Redação dada pela Lei n. 13.654, de 2018);

II – se há o concurso de duas ou mais pessoas;

III – se a vítima está em serviço de transporte de valores e o agente conhece tal circunstância.

IV – se a subtração for de veículo automotor que venha a ser transportado para outro Estado ou para o exterior;

V – se o agente mantém a vítima em seu poder, restringindo sua liberdade;

VI – se a subtração for de substâncias explosivas ou de acessórios que, conjunta ou isoladamente, possibilitem sua fabricação, montagem ou emprego; (Incluído pela Lei n. 13.654, de 2018)

VII – se a violência ou grave ameaça é exercida com emprego de arma branca; (Incluído pela Lei n. 13.964, de 2019).

§ 2º A pena aumenta-se de 2/3 (dois terços): (Incluído pela Lei n. 13.654, de 2018)

I – se a violência ou ameaça é exercida com emprego de arma de fogo; (Incluído pela Lei n. 13.654, de 2018)

II – se há destruição ou rompimento de obstáculo mediante o emprego de explosivo ou de artefato análogo que cause perigo comum. (Incluído pela Lei n. 13.654, de 2018)

§ 2º-B. Se a violência ou grave ameaça é exercida com emprego de arma de fogo de uso restrito ou proibido, aplica-se em dobro

> a pena prevista no *caput* deste artigo. (Incluído pela Lei n. 13.964, de 2019)
>
> § 3º Se da violência resulta: (Redação dada pela Lei n. 13.654, de 2018)
>
> I – lesão corporal grave, a pena é de reclusão de 7 (sete) a 18 (dezoito) anos, e multa; (Incluído pela Lei n. 13.654, de 2018)
>
> II – morte, a pena é de reclusão de 20 (vinte) a 30 (trinta) anos, e multa. (Incluído pela Lei n. 13.654, de 2018).
>
> Fonte: Brasil, 1940.

Conforme Masson (2020, p. 367), o crime de roubo pode ser classificado como:

- crime comum;
- crime material (posição doutrinária tradicional) ou formal (orientação do STF e STJ);
- crime de forma livre;
- crime plurissubsistente (regra);
- crime instantâneo;
- crime de dano;
- crime unissubjetivo (regra).

É um crime pluriofensivo. É incompatível com o princípio da insignificância, e não admite roubo na modalidade privilegiada.

O delito de roubo pode ser classificado em **roubo próprio** e **roubo impróprio**. No caso de roubo próprio, que está descrito no *caput* do artigo, a violência se dá antes da subtração da coisa alheia móvel. No roubo impróprio, descrito no parágrafo 1º do art. 157 do CP (Brasil, 1940), a violência sucede a subtração para garantir a impunidade do agente.

— 5.2.1 —
Núcleo do tipo

O núcleo do tipo é o verbo *subtrair* por meio das seguintes formas de execução do crime:

- grave ameaça;
- violência à pessoa;
- qualquer meio que reduza a vítima à impossibilidade de resistência.

— 5.2.2 —
Elemento subjetivo do tipo

É o dolo consistente na vontade consciente de subtrair a coisa (*animus sibi habendi*) para si ou para outra pessoa. Trata-se do fim de assenhoramento da coisa.

Não se admite o crime de furto na modalidade culposa.

— 5.2.3 —
Sujeitos do crime

Qualquer pessoa pode ser sujeito ativo do crime, salvo o proprietário do objeto, visto que se trata de crime comum.

O sujeito passivo é o proprietário ou o possuidor legítimo da coisa e a pessoa que for atingida pela grave ameaça ou violência do agente. Portanto, por se tratar de crime complexo, podem existir duas ou mais pessoas vítimas do crime de roubo.

— 5.2.4 —
Objeto material e bem jurídico protegido do delito

O objeto material do delito é a coisa alheia móvel, também a pessoa humana contra quem se encaminha a violência ou grave ameaça.

O bem jurídico protegido é o patrimônio e a integridade física, se praticado com violência à pessoa, ou o patrimônio e a liberdade individual, quando cometido mediante grave ameaça.[12]

---

2 Ver *Habeas Corpus* n. 97.057/RS (Brasil, 2010c).

— 5.2.5 —
Consumação e tentativa

Devemos diferenciar consumação e tentativa nas hipóteses de roubo próprio e roubo impróprio.

Nas hipóteses de **roubo próprio**, a consumação se dá com a efetiva subtração da coisa mediante violência ou grave ameaça, sendo prescindível a posse mansa e pacífica do bem. Nesse caso, se, por circunstâncias alheias à vontade do agente, não for possível executar a subtração, será reconhecida a modalidade tentada do crime de roubo próprio.

É o posicionamento do Superior Tribunal de Justiça, consolidado na Súmula n. 582, de 16 de setembro de 2016 (Brasil, 2016a):

> Consuma-se o crime de roubo com a inversão da posse do bem mediante emprego de violência ou grave ameaça, ainda que por breve tempo e em seguida à perseguição imediata ao agente e recuperação da coisa roubada, sendo prescindível a posse mansa e pacífica ou desvigiada.

O roubo impróprio ocorre quando a violência sucede a subtração para garantir a impunidade do agente. Nas hipóteses de **roubo impróprio** (§ 1º), a consumação se dá com o emprego da violência ou grave ameaça. Nesse caso, não é possível a tentativa, conforme posicionamento do Superior Tribunal de Justiça no Recurso Especial n. 1.155.927/RS, rel. Min. Felix Fischer, 5ª Turma (Brasil, 2010b) e doutrina dominante.

Quadro 5.2 – Sinopse do crime de roubo

Núcleo do tipo:	subtrair.
Elemento subjetivo do tipo:	dolo direto.
Sujeito ativo:	qualquer pessoa, exceto o proprietário da coisa subtraída.
Sujeito passivo:	proprietário, possuidor ou detentor da coisa.
Objeto material do delito:	coisa alheia móvel e pessoa humana contra quem se dirige a violência.
Bem jurídico protegido:	inviolabilidade do patrimônio e a liberdade individual e a integridade corporal.

Causas de aumento de pena no crime de roubo

§ 2º A pena aumenta-se de 1/3 (um terço) até metade:

I – (revogado);

II – se há o concurso de duas ou mais pessoas;

III – se a vítima está em serviço de transporte de valores e o agente conhece tal circunstância.

IV – se a subtração for de veículo automotor que venha a ser transportado para outro Estado ou para o exterior;

V – se o agente mantém a vítima em seu poder, restringindo sua liberdade;

VI – se a subtração for de substâncias explosivas ou de acessórios que, conjunta ou isoladamente, possibilitem sua fabricação, montagem ou emprego.

§ 2°A – A pena aumenta-se de 2/3 (dois terços)

I – se a violência ou ameaça é exercida com emprego de arma de fogo;

II – se há destruição ou rompimento de obstáculo mediante o emprego de explosivo ou de artefato análogo que cause perigo comum. (Brasil, 1940, art. 157)

Modalidade qualificada no crime de roubo

§ 3° Se da violência resulta:

I – lesão corporal grave, a pena é de reclusão de 7 (sete) a 18 (dezoito) anos, e multa;

II – morte, a pena é de reclusão de 20 (vinte) a 30 (trinta) anos, e multa. (Brasil, 1940, art. 157)

Roubo *versus* latrocínio

O crime de latrocínio (crime complexo) configura crime contra o patrimônio qualificado pela morte, ou seja, a morte é o meio de execução do crime.

Quadro 5.3 – Consumação e tentativa do crime de latrocínio

Subtração	+	Morte	=	latrocínio
Consumada	+	Consumada	=	Consumado

(continua)

(Quadro 5.2 – conclusão)

Subtração	+	Morte	=	latrocínio
Tentada	+	Tentada	=	Tentado
Tentada	+	Consumada	=	Consumado
Consumada	+	Tentada	=	Tentado

— 5.3 —

Extorsão

O crime de extorsão consiste em constranger alguém, mediante violência ou grave ameaça, e com o intuito de obter para si ou para outrem indevida vantagem econômica, a fazer, tolerar que se faça ou deixar de fazer alguma coisa, como explica o art. 158 do CP:

> Art. 158. Constranger alguém, mediante violência ou grave ameaça, e com o intuito de obter para si ou para outrem indevida vantagem econômica, a fazer, tolerar que se faça ou deixar de fazer alguma coisa:
>
> Pena – reclusão, de quatro a dez anos, e multa.
>
> § 1º Se o crime é cometido por duas ou mais pessoas, ou com emprego de arma, aumenta-se a pena de um terço até metade.
>
> § 2º Aplica-se à extorsão praticada mediante violência o disposto no § 3º do artigo anterior.
>
> § 3º Se o crime é cometido mediante a restrição da liberdade da vítima, e essa condição é necessária para a obtenção da vantagem econômica, a pena é de reclusão, de 6 (seis) a 12 (doze) anos, além da multa; se resulta lesão corporal grave ou morte,

aplicam-se as penas previstas no art. 159, §§ 2º e 3º, respectivamente. (Brasil, 1940)

Conforme Masson (2020, p. 416), o crime de roubo pode ser classificado como:

- crime comum;
- crime de forma livre;
- crime formal, de resultado cortado ou de consumação antecipada;
- crime plurissubsistente (regra);
- crime instantâneo;
- crime de dano (divergência);
- crime unissubjetivo.

A extorsão não pode ser praticada mediante violência imprópria (como no delito de roubo). Não é possível na modalidade culposa.

— 5.3.1 —
Núcleo do tipo

O núcleo do tipo é o verbo *constranger*.

Meios de execução do delito:

- grave ameaça;
- violência à pessoa;

5.3.2
Elemento subjetivo do tipo

É o dolo. Não se admite o crime de extorsão na modalidade culposa.

A vantagem almejada pelo agente deve ser econômica.

5.3.3
Sujeitos do crime

Qualquer pessoa pode ser sujeito ativo do crime; salvo se a extorsão for feita por funcionário público (dentro ou fora de suas atribuições, mas em razão dela), nesse caso, o crime a ser considerado será o de concussão – art. 316 do CP (Brasil, 1940).

Trata-se de crime comum.

O sujeito passivo é a pessoa física ou jurídica que suporta a violência ou grave ameaça.

5.3.4
Objeto material e bem jurídico protegido do delito

Trata-se de crime pluriofensivo.

O bem jurídico protegido é o patrimônio, integridade física e a liberdade individual.

O objeto material do delito é a pessoa física ou jurídica contra quem se encaminha o constrangimento ilegal.

— 5.3.5 —
Consumação e tentativa

Nas hipóteses de crime de extorsão, a consumação se dá independentemente da obtenção da vantagem indevida – Súmula n. 96, de 3 de março de 1994 (Brasil, 1994). Nesse caso, se, por circunstâncias alheias à vontade do agente, não for possível executá-la, será reconhecida a modalidade tentada do crime de extorsão, por exemplo, quando a vítima não se intimida.

Quadro 5.4 – Sinopse do crime de extorsão

Núcleo do tipo:	constranger.
Elemento subjetivo do tipo:	dolo direto – vontade consciente de obter vantagem indevida econômica.
Sujeito ativo:	qualquer pessoa.
Sujeito passivo:	qualquer pessoa, inclusive, pessoa jurídica.
Objeto material do delito:	pessoa contra quem se dirige o constrangimento praticado com violência (Masson, 2014a, p. 450).
Bem jurídico protegido:	patrimônio, a integridade física e psíquica do ser humano.

Causa de aumento de pena

"Se o crime é cometido por duas ou mais pessoas, ou com emprego de arma, aumenta-se a pena de um terço até metade" (Brasil, 1940, art. 158, § 1º).

Extorsão qualificada

"Aplica-se à extorsão praticada mediante violência o disposto no § 3º do artigo anterior" (Brasil, 1940, art. 158, § 2º).

Nesse caso, o art. anterior é o 157, como vemos:

> § 3º Se da violência resulta:
>
> I – lesão corporal grave, a pena é de reclusão de 7 (sete) a 18 (dezoito) anos, e multa;
>
> II – morte, a pena é de reclusão de 20 (vinte) a 30 (trinta) anos, e multa. (Brasil, 1940, art. 157)

Extorsão "sequestro-relâmpago"

> § 3º Se o crime é cometido **mediante a restrição da liberdade da vítima, e essa condição é necessária para a obtenção da vantagem econômica**, a pena é de reclusão, de 6 (seis) a 12 (doze) anos, além da multa; se resulta lesão corporal grave ou morte, aplicam-se as penas previstas no art. 159, §§ 2º e 3º, respectivamente. (Brasil, 1940, art. 158, grifo nosso)

Como destaca Cunha (2019, p. 325): "A extorsão qualificada pela morte, consumada ou tentada, é crime hediondo".

— 5.4 —
Extorsão mediante sequestro

Para a configuração desse tipo penal, é necessário, sempre, haver a intenção de receber vantagem, como por condição ou preço de resgate (condição de libertar a vítima).

Art. 159. Sequestrar pessoa com o fim de obter, para si ou para outrem, qualquer vantagem, como condição ou preço do resgate:
Pena – reclusão, de oito a quinze anos.

§ 1º Se o sequestro dura mais de 24 (vinte e quatro) horas, se o sequestrado é menor de 18 (dezoito) ou maior de 60 (sessenta) anos, ou se o crime é cometido por bando ou quadrilha.
Pena – reclusão, de doze a vinte anos.

§ 2º Se do fato resulta lesão corporal de natureza grave:
Pena – reclusão, de dezesseis a vinte e quatro anos.

§ 3º Se resulta a morte:
Pena – reclusão, de vinte e quatro a trinta anos.

§ 4º Se o crime é cometido em concurso, o concorrente que o denunciar à autoridade, facilitando a libertação do sequestrado, terá sua pena reduzida de um a dois terços.

Fonte: Brasil, 1940.

Conforme Masson (2014a, p. 433), o crime de extorsão mediante sequestro pode ser classificado como:

- crime comum;
- crime de forma livre;
- crime formal, de resultado cortado ou de consumação antecipada;
- crime plurissubsistente;
- crime permanente;
- crime de dano;
- crime unissubjetivo (regra).

É um crime complexo.

Não é possível na modalidade culposa. É crime hediondo (Lei n. 8.072/1990, art. 1º, inciso IV).

— 5.4.1 —
Núcleo do tipo

O núcleo do tipo é o verbo *sequestrar*.

— 5.4.2 —
Elemento subjetivo do tipo

É o dolo específico. Não se admite o crime de extorsão na modalidade culposa.

— 5.4.3 —
Sujeitos do crime

Qualquer pessoa pode ser sujeito ativo do crime, salvo se for feito por funcionário público (dentro de suas atribuições), em que o crime a ser considerado será abuso de autoridade, nos moldes do art. 3º, alínea "a", e 4º, "a", da Lei n. 4.898, de 9 de dezembro de 1965 (Brasil, 1965).

Trata-se de crime comum.

O sujeito que simula seu próprio sequestro para extorquir sua própria família pratica o crime de extorsão, descrito no art. 158 do CP (Brasil, 1940).

O sujeito passivo é a pessoa que suporta a lesão patrimonial, bem como a que tem privada sua liberdade. Pode ser pessoa física ou jurídica.

— 5.4.4 —
Objeto material e bem jurídico protegido do delito

O bem jurídico protegido são o patrimônio e a liberdade de locomoção da vítima.

O objeto material do delito é a pessoa contra quem o patrimônio é atingido, bem como aquela privada de sua liberdade.

— 5.4.5 —
Consumação e tentativa

Trata-se de crime permanente, ou seja, é possível o flagrante em qualquer tempo da privação.

Se, por circunstâncias alheias à vontade do agente, este não conseguir privar a vítima de sua liberdade, com a intenção futura de exigir vantagem como condição de libertá-la, será reconhecida a modalidade tentada do crime de extorsão mediante sequestro.

Extorsão mediante sequestro qualificada

Está relacionado ao tempo do crime, à faixa etária da vítima e se foi cometido por bando ou quadrilha.

> § 1º Se o sequestro dura mais de 24 (vinte e quatro) horas, se o sequestrado é menor de 18 (dezoito) ou maior de 60 (sessenta) anos, ou se o crime é cometido por bando ou quadrilha.
>
> Pena – reclusão, de doze a vinte anos.
>
> § 2º Se do fato resulta lesão corporal de natureza grave:
>
> Pena – reclusão, de dezesseis a vinte e quatro anos.
>
> § 3º Se resulta a morte:
>
> Pena – reclusão, de vinte e quatro a trinta anos. (Brasil, 1940, art. 159)

Causa de diminuição de pena (hipótese de delação premiada)

"Se o crime é cometido em concurso, o concorrente que o denunciar à autoridade, facilitando a libertação do sequestrado, terá sua pena reduzida de um a dois terços" (Brasil, 1940, art. 159, § 4º).

— 5.5 —
Extorsão indireta

É uma modalidade especial de extorsão.

> Art. 160. Exigir ou receber, como garantia de dívida, abusando da situação de alguém, documento que pode dar causa a procedimento criminal contra a vítima ou contra terceiro:
>
> Pena – reclusão, de um a três anos, e multa. (Brasil, 1940)

Conforme Masson (2020, p. 448), classifica-se o crime de extorsão indireta como:

- crime comum;
- crime de forma livre;
- crime formal (exigir) ou material (receber);
- crime plurissubsistente (regra);
- crime doloso;
- crime unissubjetivo (regra)
- crime instantâneo.

Não é possível na modalidade culposa.

Nele, é punido o extorsionário, e o devedor não é punido (Masson, 2020, p. 448).

— 5.5.1 —
Núcleo do tipo

O núcleo do tipo são os verbos *exigir* e *receber*.

— 5.5.2 —
Elemento subjetivo do tipo

É o dolo de aproveitamento.

Cunha (2019, p. 334) preleciona que:

> É o dolo, consubstanciado na vontade consciente de obter documento que pode dar causa à instauração de procedimento criminal, abusando da situação aflitiva da vítima. Exige-se, ainda, como elemento subjetivo do tipo, que a obtenção do documento sirva como garantia para o pagamento de dívida.

Não se admite na modalidade culposa.

— 5.5.3 —
Sujeitos do crime

Qualquer pessoa pode ser sujeito ativo do crime, visto que se trata de crime comum.

O sujeito passivo é a pessoa que se submete à exigência do extorsionário. É aquele que entrega o documento (em regra é o devedor).

— 5.5.4 —
Objeto material e bem jurídico protegido do delito

Os bens jurídicos protegidos são o patrimônio e a liberdade individual.

O objeto material do delito é o documento, público ou privado, que **pode dar causa** a procedimento criminal contra a vítima ou terceiro. Esse documento se propõe a encenar a prática de um crime. Dessa forma, admite-se como objeto material do tipo todo e qualquer espécie de documento idôneo a autorizar a instauração de procedimento criminal contra a vítima ou contra terceiro. Importante destacar que a caracterização do crime independe da efetiva instauração de procedimento judicial. O que importa é a caracterização da potencialidade para tanto (Masson, 2020, p. 449).

— 5.5.5 —
Consumação e tentativa

Na modalidade **exigir**, o crime é considerado formal, consumando-se com a simples exigência. Nesse caso, a tentativa somente é possível por meio da escrita.

Na modalidade **receber**, o crime é considerado material, consumando-se com o recebimento do documento. Nesse caso, a tentativa somente é possível se, por circunstâncias alheias à vontade do agente, ele acaba por não receber o documento.

Quadro 5.5 – Sinopse do crime de extorsão mediante sequestro

Núcleo do tipo:	exigir ou receber.
Elemento subjetivo do tipo:	dolo de aproveitamento.
Sujeito ativo:	qualquer pessoa.
Sujeito passivo:	pessoa que se submete à exigência do extorsionário.
Objeto material do delito:	documento, público ou privado, que pode dar causa a procedimento criminal contra a vítima ou terceiro.
Bem jurídico protegido:	patrimônio, e a liberdade individual.

— 5.6 —
Apropriação indébita

Segundo Cunha (2019, p. 359), os requisitos para a configuração do crime são:

a. entrega voluntária da coisa pela vítima;
b. existência de posse desvigiada;
c. ação do agente deve recair em coisa alheia móvel;
d. inversão do ânimo da posse.

Sobre o quarto requisito, Cunha (2019, p. 359) explica que, "após obter legitimamente a coisa, o agente passa a agir como se fosse seu dono. Apura-se a inversão por meio de atos de disposição, como venda e locação, ou pela recusa em restituir a coisa". Quando o agente se recusa em restituir a coisa estar-se-á diante da modalidade "negativa de restituição".

> Art. 168. Apropriar-se de coisa alheia móvel, de que tem a posse ou a detenção:
>
> Pena – reclusão, de um a quatro anos, e multa.
>
> **Aumento de pena**
>
> § 1º A pena é aumentada de um terço, quando o agente recebeu a coisa:
>
> I – em depósito necessário;
>
> II – na qualidade de tutor, curador, síndico, liquidatário, inventariante, testamenteiro ou depositário judicial;
>
> III – em razão de ofício, emprego ou profissão. (Brasil, 1940)

Desse modo, observamos duas modalidades: uma, a apropriação indébita propriamente dita; outra, a apropriação indébita por negativa de restituição, que se consuma-se com a não restituição do bem depois de vencido o prazo para a sua entrega.

Conforme Masson (2020, p. 484), o crime de apropriação indébita pode ser classificado como:

- crime comum;
- crime de forma livre;
- crime material;
- crime plurissubsistente, na apropriação indébita "propriamente dita"; ou unissubsistente, na apropriação indébita "negativa por restituição;
- crime doloso;
- crime unissubjetivo;
- crime instantâneo.

Não é possível na modalidade culposa.

Implica a quebra de confiança, na qual a vítima entrega de forma voluntária o bem ao agente.

A "apropriação indébita de uso" é penalmente irrelevante.

— 5.6.1 —
Núcleo do tipo

O núcleo do tipo é o verbo *apropriar-se*. Trata-se de crime de ação única.

— 5.6.2 —
Elemento subjetivo do tipo

É o dolo consistente no ânimo de assenhoramento.

Não se admite na modalidade culposa.

— 5.6.3 —
Sujeitos do crime

Qualquer pessoa pode ser sujeito ativo do crime, salvo o proprietário, visto que se trata de crime comum.

O sujeito passivo é a pessoa física ou jurídica que suporta o prejuízo. Além do proprietário, podem configurar, como sujeito passivo, o possuidor ou o usufrutuário, por exemplo.

— 5.6.4 —
Objeto material e bem jurídico protegido do delito

O bem jurídico protegido é a propriedade. É quando o agente abusa da condição de possuidor ou detentor da coisa e passa a tê-la para si arbitrariamente.

O objeto material do delito é o bem alheio móvel (coisa alheia móvel), o qual recairá na conduta do agente.

— 5.6.5 —
Consumação e tentativa

Trata de crime material. O crime de apropriação indébita se consuma quando o sujeito inverte o ânimo em relação à coisa alheia móvel. Em outras palavras, de possuidor, ele passa a se comportar como se fosse proprietário.

Na modalidade de apropriação indébita propriamente dita, a tentativa é possível se, por circunstâncias alheias à vontade do agente, o crime não se concretiza, por exemplo, se o agente for surpreendido pelo proprietário do bem no momento em que está vendendo a coisa, sendo impedido de concretizar o negócio (Cunha, 2019, p. 361).

Importante mencionar que, sobre a tentativa, parte da doutrina defende que não é possível o delito de apropriação indébita na forma tentada.

A tentativa não é admitida na modalidade "negativa de restituição", ou seja, quando o agente se nega a restituir a coisa que está sob sua guarda (Masson, 2020, p. 491). A consumação se dá com a não restituição do bem, depois de vencido o prazo para a sua entrega.

Quadro 5.6 – Sinopse do crime de apropriação indébita

Núcleo do tipo:	apropriar-se.
Elemento subjetivo do tipo:	dolo – não admite modalidade culposa.
Sujeito ativo:	qualquer pessoa, com exceção do proprietário.

(continua)

(Quadro 5.6 – conclusão)

Núcleo do tipo:	apropriar-se.
Sujeito passivo:	pessoa física ou jurídica que suporta o prejuízo.
Objeto material do delito:	coisa alheia móvel.
Bem jurídico protegido:	propriedade.

Causas de aumento de pena

§ 1º A pena é aumentada de um terço, quando o agente recebeu a coisa:

I – em depósito necessário;

II – na qualidade de tutor, curador, síndico, liquidatário, inventariante, testamenteiro ou depositário judicial;

III–em razão de ofício, emprego ou profissão. (Brasil, 1940, art. 168)

Princípio da insignificância no crime de apropriação indébita

O Superior Tribunal de Justiça entendeu ser aplicável o princípio da insignificância quando a conduta do agente implicar em mínima ofensividade e reduzido grau de reprovabilidade do comportamento, tanto mais porque a lesão jurídica provocada é inexpressiva, não causando repulsa social, como se demonstra na jurisprudência a seguir:

HABEAS CORPUS. APROPRIAÇÃO INDÉBITA. AGENDA PESSOAL AVALIADA EM R$ 9,90 (NOVE REAIS E NOVENTA CENTAVOS). PRINCÍPIO DA INSIGNIFICÂNCIA. ATIPICIDADE MATERIAL. CONSTRANGIMENTO ILEGAL. RECONHECIMENTO. ORDEM CONCEDIDA. 1. Consoante entendimento jurisprudencial, o "**princípio da insignificância – que deve ser analisado em conexão com os postulados da fragmentariedade e da intervenção mínima do Estado em matéria penal** – tem o sentido de excluir ou de afastar a própria tipicidade penal, examinada na perspectiva de seu caráter material. [...] Tal postulado - que considera necessária, na aferição do relevo material da tipicidade penal, a presença de certos vetores, tais como (a) **a mínima ofensividade da conduta do agente,** (b) **a nenhuma periculosidade social da ação,** (c) **o reduzidíssimo grau de reprovabilidade do comportamento** e (d) **a inexpressividade da lesão jurídica provocada** – apoiou-se, em seu processo de formulação teórica, no reconhecimento de que o caráter subsidiário do sistema penal reclama e impõe, em função dos próprios objetivos por ele visados, a intervenção mínima do Poder Público." (HC n. 84.412-0/SP, STF, Min. Celso de Mello, DJU 19.11.2004) 2. Hipótese em que o paciente teria se apropriado da agenda pertencente ao seu colega de trabalho, também advogado, na qual constavam seus dados pessoais e profissionais, bem avaliado em R$ 9, 90 (nove reais e noventa centavos). 3. Reconhece-se o caráter bagatelar do comportamento imputado. Por mais que se cogite a existência de anotações e informações importantes para a vítima, é patente **a mínima ofensividade e o reduzido grau de reprovabilidade do comportamento,** tanto mais porque a lesão jurídica provocada é inexpressiva, não causando repulsa social. 4. Ordem concedida para, reconhecendo a atipicidade material, trancar a ação penal. (Brasil, 2011a, grifo nosso)

— 5.7 —
Apropriação indébita previdenciária

O delito de apropriação indébita, previsto no art. 168-A do CP (Brasil, 1940), é assim descrito:

> Art. 168-A. Deixar de repassar à previdência social as contribuições recolhidas dos contribuintes, no prazo e forma legal ou convencional:
>
> Pena – reclusão, de 2 (dois) a 5 (cinco) anos, e multa.
>
> § 1º Nas mesmas penas incorre quem deixar de:
>
> I – recolher, no prazo legal, contribuição ou outra importância destinada à previdência social que tenha sido descontada de pagamento efetuado a segurados, a terceiros ou arrecadada do público;
>
> II – recolher contribuições devidas à previdência social que tenham integrado despesas contábeis ou custos relativos à venda de produtos ou à prestação de serviços;
>
> III – pagar benefício devido a segurado, quando as respectivas cotas ou valores já tiverem sido reembolsados à empresa pela previdência social.
>
> § 2º É extinta a punibilidade se o agente, espontaneamente, declara, confessa e efetua o pagamento das contribuições,

importâncias ou valores e presta as informações devidas à previdência social, na forma definida em lei ou regulamento, antes do início da ação fiscal.

§ 3º É facultado ao juiz deixar de aplicar a pena ou aplicar somente a de multa se o agente for primário e de bons antecedentes, desde que:

I – tenha promovido, após o início da ação fiscal e antes de oferecida a denúncia, o pagamento da contribuição social previdenciária, inclusive acessórios; ou

II – o valor das contribuições devidas, inclusive acessórios, seja igual ou inferior àquele estabelecido pela previdência social, administrativamente, como sendo o mínimo para o ajuizamento de suas execuções fiscais.

§ 4º A faculdade prevista no § 3o deste artigo não se aplica aos casos de parcelamento de contribuições cujo valor, inclusive dos acessórios, seja superior àquele estabelecido, administrativamente, como sendo o mínimo para o ajuizamento de suas execuções fiscais.

Os requisitos para a configuração do crime são: entrega voluntária da coisa pela vítima, a existência de posse desvigiada, existência de boa-fé do agente ao tempo do recebimento da coisa e a modificação posterior do comportamento do agente (ânimo de assenhoramento).

De acordo com Masson (2020, p. 497), o crime de apropriação indébita previdenciária pode ser classificado como:

- crime comum;
- crime material (STF) ou crime formal (para parte da doutrina);
- crime de forma livre;
- crime unissubsistente;
- crime unissubjetivo (regra);
- crime doloso;
- crime instantâneo.

Não é possível na modalidade culposa.

A competência é da Justiça Federal.

É um crime contra a Previdência Social, embora esteja disposto no rol dos crimes contra o patrimônio no CP.

Trata-se de norma penal em branco, a ser completada pela legislação previdenciária – Lei n. 8.212, de 24 de julho de 1991 (Brasil, 1991).

— 5.7.1 —
Núcleo do tipo

O núcleo do tipo é *deixar de repassar*.

— 5.7.2 —
Elemento subjetivo do tipo

É o dolo consistente em deixar de repassar à Previdência Social os valores que a ela deveriam ser destinados. Segundo o Supremo Tribunal Federal, não é preciso um fim específico, basta a incidência de vontade livre e consciente de não recolher as importâncias descontadas dos salários dos empregados da empresa pela qual responde o agente.[13]

Não se admite na modalidade culposa (Masson, 2020, p. 498).

— 5.7.3 —
Sujeitos do crime

O sujeito ativo do crime é a pessoa física que detém o dever legal de repassar o valor à Previdência Social.

Segundo Cunha (2019, p. 365), o sujeito passivo é a Previdência Social. No entanto, a doutrina diverge quanto a essa definição e aponta, como sujeito passivo, a União Federal (Masson, 2020, p. 503).

— 5.7.4 —
Objeto material e bem jurídico protegido do delito

O bem jurídico protegido é o interesse patrimonial da Previdência Social e todos que fazem parte do sistema de seguridade social (saúde, previdência social, assistência social).

O objeto material do delito é Contribuição Previdenciária angariada, e não recolhida.

---

3   Ver *Habeas Corpus* n. 122.766 (Brasil, 2014b).

— 5.7.5 —
Consumação e tentativa

Trata-se de crime formal para a doutrina majoritária, portanto o crime de apropriação indébita previdenciária dispensa o locupletamento do efetivo prejuízo ao sujeito passivo. Já o STF defende o posicionamento de que o crime é material[14], ou seja, defende-se que, se a contribuição deixa de ser repassada, automaticamente verifica-se o prejuízo à Previdência Social.

A tentativa não é possível, pois se trata de crime omissivo.

Quadro 5.7 – Sinopse do crime de apropriação indébita previdenciária

Núcleo do tipo:	deixar de repassar.
Elemento subjetivo do tipo:	dolo – não admite modalidade culposa.
Sujeito ativo:	agente que possui vínculo convencional ou legal com o INSS.
Sujeito passivo:	Estado/União Federal/Previdência Social.
Objeto material do delito:	contribuição previdenciária arrecadada e não recolhida.
Bem jurídico protegido:	interesse patrimonial da Previdência Social.

Figuras equiparadas

§ 1º Nas mesmas penas incorre quem deixar de:

---

4   Cf. Inq. 2.537/GO, Rel. Min. Marco Aurélio, Dje 13 jun. 2008 (Brasil, 2008)

I – recolher, no prazo legal, contribuição ou outra importância destinada à previdência social que tenha sido descontada de pagamento efetuado a segurados, a terceiros ou arrecadada do público;

II – recolher contribuições devidas à previdência social que tenham integrado despesas contábeis ou custos relativos à venda de produtos ou à prestação de serviços;

III – pagar benefício devido a segurado, quando as respectivas cotas ou valores já tiverem sido reembolsados à empresa pela previdência social. (Brasil, 1940, art. 168-A)

Causa de extinção da punibilidade

§ 2º É extinta a punibilidade se o agente, espontaneamente, declara, confessa e efetua o pagamento das contribuições, importâncias ou valores e presta as informações devidas à previdência social, na forma definida em lei ou regulamento, antes do início da ação fiscal. (Brasil, 1940, art. 168-A)

Os tribunais superiores consideram que o pagamento do tributo, a qualquer tempo, mesmo após o trânsito em julgado da sentença penal condenatória, é causa de extinção da punibilidade do acusado, como se vê na jurisprudência a seguir:

AgRg no RECURSO ESPECIAL N. 1.689.349-SC (2017/0200839-6) RELATOR: MINISTRO REYNALDO SOARES DA FONSECA AGRAVANTE EWALDO RIEPER JUNIOR ADVOGADO JULIANO FERNANDES DE OLIVEIRA E OUTRO (S)-SC012619 AGRAVADO: MINISTÉRIO PÚBLICO DO ESTADO DE SANTA CATARINA DECISÃO Trata-se de agravo regimental interposto por EWALDO RIEPER JÚNIOR contra decisão monocrática, da minha lavra, que conheceu em parte do recurso especial, para negar-lhe provimento. Aduz o agravante, em síntese, que pagou integralmente o débito tributário, anteriormente parcelado, motivo pelo qual pugna pela extinção da punibilidade. Converti o julgamento em diligências, uma vez que o **Superior Tribunal de Justiça possui entendimento no sentido de que, após a Lei n. 10.684/2003, o adimplemento do débito tributário, a qualquer tempo, até mesmo após o advento do trânsito em julgado da sentença penal condenatória, é causa de extinção da punibilidade do acusado.** A propósito: HABEAS CORPUS. IMPETRAÇÃO EM SUBSTITUIÇÃO AO RECURSO CABÍVEL. UTILIZAÇÃO INDEVIDA DO REMÉDIO CONSTITUCIONAL. VIOLAÇÃO AO SISTEMA RECURSAL. NÃO CONHECIMENTO. 1. A via eleita revela-se inadequada para a insurgência contra o ato apontado como coator, pois o ordenamento jurídico prevê recurso específico para tal fim, circunstância que impede o seu formal conhecimento. Precedentes. 2. O alegado constrangimento ilegal será analisado para a verificação da eventual possibilidade de atuação ex oficio, nos termos do artigo 654, § 2º, do Código de Processo Penal. CRIME CONTRA A ORDEM TRIBUTÁRIA. CONDENAÇÃO TRANSITADA EM JULGADO. PAGAMENTO DO TRIBUTO. CAUSA DE EXTINÇÃO DA PUNIBILIDADE. ARTIGO 9º, § 2º, DA LEI 10.684/2003. COAÇÃO ILEGAL CARACTERIZADA. CONCESSÃO DA ORDEM DE OFÍCIO. 1. Com o advento da Lei 10.684/2003, no exercício da sua função constitucional e de acordo com a política criminal adotada, o legislador ordinário optou por retirar do ordenamento jurídico o marco temporal previsto para o adimplemento de o débito tributário redundar na extinção da punibilidade do agente sonegador, nos termos do seu artigo 9º, § 2º, sendo vedado ao Poder Judiciário estabelecer tal limite. 2. Não há como se interpretar o referido dispositivo legal de outro modo, senão considerando que **o pagamento do tributo, a qualquer tempo, até mesmo após o advento do trânsito em julgado da sentença penal condenatória, é causa de extinção da punibilidade do acusado.** 3. Como o édito condenatório foi alcançado pelo trânsito em julgado sem qualquer mácula, os efeitos do reconhecimento da extinção da punibilidade porque é superveniente ao aludido marco devem ser equiparados aos da prescrição da pretensão executória. 4. Habeas corpus não conhecido. Ordem concedida de ofício para declarar extinta a punibilidade do paciente, com fundamento no artigo 9º, § 2º, da Lei 10.684/2003. (HC 362.478/SP, Rel. Ministro JORGE MUSSI, QUINTA TURMA, julgado em 14/09/2017, DJe 20/09/2017) Em atendimento ao despacho proferido à e-STJ fl. 2.333, o Ministério Público do Estado de Santa Catarina se manifestou às e-STJ fls. 2.350/2.357, e o Ministério Público Federal às e-STJ fls. 2.363/2.364, ambos a favor do reconhecimento da extinção da punibilidade, em virtude do efetivo pagamento integral do débito tributário. Ante o exposto, julgo extinta a punibilidade do agravante, em virtude do pagamento integral do débito tributário. Comunique-se, com urgência, às instâncias ordinárias. Publique-se. Brasília, 23 de outubro de 2018. Ministro REYNALDO SOARES DA FONSECA Relator. (Brasil, 2018d, grifo nosso)

Possibilidade de perdão judicial e aplicação isolada de multa

> § 3º É facultado ao juiz deixar de aplicar a pena ou aplicar somente a de multa se o agente for primário e de bons antecedentes, desde que:
>
> I – tenha promovido, após o início da ação fiscal e antes de oferecida a denúncia, o pagamento da contribuição social previdenciária, inclusive acessórios; ou
>
> II – o valor das contribuições devidas, inclusive acessórios, seja igual ou inferior àquele estabelecido pela previdência social, administrativamente, como sendo o mínimo para o ajuizamento de suas execuções fiscais.
>
> § 4º A faculdade prevista no § 3º deste artigo não se aplica aos casos de parcelamento de contribuições cujo valor, inclusive dos acessórios, seja superior àquele estabelecido, administrativamente, como sendo o mínimo para o ajuizamento de suas execuções fiscais. (Incluído pela Lei n. 13.606, de 2018). (Brasil, 1940, art. 168-A)

É aplicável o princípio da insignificância para quantia que não ultrapasse 10 mil reais, conforme decisão do STJ (Brasil,

2017c). No entanto, referente a esse tema, observe o que dispõe a recente jurisprudência do mesmo tribunal:

> AGRAVO REGIMENTAL NO RECURSO ESPECIAL. PENAL. SONEGAÇÃO DE CONTRIBUIÇÃO PREVIDENCIÁRIA. PRINCÍPIO DA INSIGNIFICÂNCIA. INAPLICABILIDADE. VALOR DO DÉBITO. IRRELEVÂNCIA. CONDUTA ALTAMENTE REPROVÁVEL. PRECEDENTES. AGRAVO REGIMENTAL DESPROVIDO. 1. **Ambas as Turmas que compõem o Supremo Tribunal Federal entendem ser inaplicável o princípio da insignificância aos crimes de sonegação de contribuição previdenciária e apropriação indébita previdenciária, tendo em vista a elevada reprovabilidade dessas condutas, que atentam contra bem jurídico de caráter supra individual e contribuem para agravar o quadro deficitário da Previdência Social**. 2. A Terceira Seção desta Corte Superior concluiu que não é possível a aplicação do princípio da insignificância aos crimes de apropriação indébita previdenciária e de sonegação de contribuição previdenciária, **independentemente do valor do ilícito, pois esses tipos penais protegem a própria subsistência da Previdência Social, de modo que é elevado o grau de reprovabilidade da conduta do agente que atenta contra este bem jurídico supra individual**. 3. Agravo regimental desprovido. (Brasil, 2019f, grifo nosso)

— 5.8 —
Estelionato

O delito de estelionato, previsto no art. 171 do CP (Brasil, 1940), é um crime patrimonial realizado pelo agente mediante uma fraude. A vantagem ilícita necessita ser de natureza econômica.

Os três elementos necessários para configurar o delito de estelionato são: (1) fraude; (2) vantagem ilícita, e (3) prejuízo alheio.

> Art. 171. Obter, para si ou para outrem, vantagem ilícita, em prejuízo alheio, induzindo ou mantendo alguém em erro, mediante artifício, ardil, ou qualquer outro meio fraudulento:
>
> Pena – reclusão, de um a cinco anos, e multa, de quinhentos mil réis a dez contos de réis. (Brasil, 1940)

Conforme Masson (2020, p. 520), o crime de estelionato pode ser classificado como:

- crime comum;
- crime material e de duplo resultado;
- crime de forma livre;
- crime plurissubsistente;
- crime unissubjetivo (regra);
- crime de dano;
- crime instantâneo (regra) ou instantâneo de efeitos permanentes (exceção).

A reparação do dano não extingue o delito de estelionato.

— 5.8.1 —
Núcleo do tipo

O núcleo do tipo é obter.

— 5.8.2 —
Elemento subjetivo do tipo

É o dolo consistente em deixar de induzir ou manter alguém em erro com o intuito de obter vantagem indevida para si ou para outrem.

Não se admite na modalidade culposa.

— 5.8.3 —
Sujeitos do crime

O sujeito ativo do crime é qualquer pessoa, visto que se trata de crime comum.

O sujeito passivo é qualquer pessoa física ou jurídica que sofra lesão patrimonial com a ação fraudulenta.

— 5.8.4 —
Objeto material e bem jurídico protegido do delito

O bem jurídico protegido é o interesse patrimonial, ou seja, é a inviolabilidade do patrimônio que é atingido pela conduta fraudulenta do agente.

O objeto material do delito é a pessoa física ou jurídica enganada pela fraude e o bem angariado, de forma ilícita, pelo agente.

— 5.8.5 —
Consumação e tentativa

É um crime de duplo resultado: obtenção de resultado e vantagem econômica.

O crime de estelionato se consuma após a efetiva obtenção da vantagem indevida, a qual implica a lesão patrimonial causada à pessoa da vítima.

A tentativa é possível, pois se trata de crime plurissubsistente.

Quadro 5.8 – Sinopse do crime de estelionato

Núcleo do tipo:	obter.
Elemento subjetivo do tipo:	dolo.
Sujeito ativo:	qualquer pessoa.
Sujeito passivo:	qualquer pessoa física ou jurídica – quem é enganado pela fraude ou/e quem suporta o prejuízo patrimonial.

(continua)

(Quadro 5.8 – conclusão)

Núcleo do tipo:	obter.
Objeto material do delito:	comportamento do agente que recai em coisa de sua propriedade.
Bem jurídico protegido:	tutela da inviolabilidade do patrimônio.

Modalidade de estelionato privilegiado

A modalidade de estelionato privilegiado pode ocorrer quando o criminoso é primário e se for de pequeno valor o bem "Se o criminoso é primário, e é de pequeno valor o prejuízo, o juiz pode aplicar a pena conforme o disposto no art. 155, § 2°" (Brasil, 1940, art. 171, § 1°).

Figuras equiparadas ao crime de estelionato

É necessário atentarmos às figuras equiparadas ao delito de estelionato, pois alteram as características do tipo principal. Elas estão inseridas no parágrafo 2° (Brasil, 1940): "nas mesmas penas incorre quem":

a. **Disposição de coisa alheia como própria**: "vende, permuta, dá em pagamento, em locação ou em garantia coisa alheia como própria" (Brasil, 1940, art. 171, § 2°, inciso II);
b. **Alienação ou oneração fraudulenta de coisa própria**:

> II – vende, permuta, dá em pagamento ou em garantia coisa própria inalienável, gravada de ônus ou litigiosa, ou imóvel que

prometeu vender a terceiro, mediante pagamento em prestações, silenciando sobre qualquer dessas circunstâncias; (Brasil, 1940, art. 171, § 2º)

c. **Defraudação de penhor**: "defrauda, mediante alienação não consentida pelo credor ou por outro modo, a garantia pignoratícia, quando tem a posse do objeto empenhado (Brasil, 1940, art. 171, § 2º, inciso III);

d. **Fraude na entrega de coisa**: "defrauda substância, qualidade ou quantidade de coisa que deve entregar a alguém (Brasil, 1940, art. 171, § 2º, inciso IV);

e. **Fraude para recebimento de indenização ou valor de seguro:**
"V – destrói, total ou parcialmente, ou oculta coisa própria, ou lesa o próprio corpo ou a saúde, ou agrava as consequências da lesão ou doença, com o intuito de haver indenização ou valor de seguro;" (Brasil, 1940, art. 171, § 2º).

f. **Fraude no pagamento por meio de cheque**: "emite cheque, sem suficiente provisão de fundos em poder do sacado, ou lhe frustra o pagamento" (Brasil, 1940, art. 171, § 2º, inciso VI).

Estelionato circunstanciado ou agravado

É causa de aumento de pena: "A pena aumenta-se de um terço, se o crime é cometido em detrimento de entidade de direito público ou de instituto de economia popular, assistência social ou beneficência" (Brasil, 1940, art. 171, § 3º).

Estelionato contra idoso

É causa de aumento de pena do delito de estelionato que consta no parágrafo 4º (Brasil, 1940): "Aplica-se a pena em dobro se o crime for cometido contra idoso".

Estelionato judiciário

Não configura estelionato judicial a conduta de fazer afirmações possivelmente falsas, com base em documentos também tidos por adulterados, em ação judicial, porque a Constituição da República assegura à parte o acesso ao Poder Judiciário. O processo tem natureza dialética, possibilitando o exercício do contraditório e a interposição dos recursos cabíveis, não se podendo falar, no caso, em "indução em erro" do magistrado. Eventual ilicitude de documentos que embasaram o pedido judicial são crimes autônomos, que não se confundem com a imputação de "estelionato judicial". 3. A deslealdade processual é combatida por meio do Código de Processo Civil, que prevê a condenação do litigante de má-fé ao pagamento de multa, e ainda passível de punição disciplinar no âmbito do Estatuto da Advocacia.

Fonte: Brasil, 2018e.

A tipicidade da denominada *cola eletrônica* está prevista no art. 311-A do CP (Brasil, 2017d).

— 5.9 —
Receptação

O delito de receptação, previsto no art. 180 do CP, conforme expõe o tipo penal, é descrito como:

> Art. 180. Adquirir, receber, transportar, conduzir ou ocultar, em proveito próprio ou alheio, coisa que sabe ser produto de crime, ou influir para que terceiro, de boa-fé, a adquira, receba ou oculte:
>
> Pena – reclusão, de um a quatro anos, e multa. (Brasil, 1940)

De acordo com Masson (2020, p. 596), o crime de receptação pode ser classificado como:

- crime comum;
- crime material;
- crime de dano;
- crime de forma livre;
- crime plurissubsistente (regra);
- crime unissubjetivo (regra);
- crime instantâneo, nas condutas adquirir e receber; ou permanente, nos núcleos transportar, conduzir e ocultar.

A receptação de receptação é possível. Reclama a prática de um crime anterior.

O tipo penal pode ser classificado em receptação própria e imprópria. Na **própria**, o agente pratica as condutas descritas no tipo penal (adquirir, receber, transportar, conduzir, ocultar ou influir); na **imprópria**, a conduta daquele que influi para terceiro, de boa-fé incide na prática das condutas descritas pelo tipo penal (adquirir, receber, transportar, conduzir, ocultar ou influir).

A receptação dolosa pode ser classificada em:

- própria;
- imprópria;
- privilegiada;
- agravada;
- qualificada.

— 5.9.1 —
Núcleo do tipo

O núcleo do tipo pode ser *adquirir, receber, transportar, conduzir, ocultar* e *influir*.

— 5.9.2 —
Elemento subjetivo do tipo

De acordo com o art. 180 do CP (Brasil, 1940), a receptação pode ser dolosa (*caput*) ou culposa (parágrafo 3º).

Na dolosa, o agente terá ciência acerca da origem do produto do crime (dolo direto). Atentemos para o fato de que não basta o agente apenas praticar as condutas do tipo penal, pois é imprescindível que o agente almeje a obtenção de vantagem, ainda que para terceiro.

— 5.9.3 —
Sujeitos do crime

O sujeito ativo do crime é qualquer pessoa, visto que se trata de crime comum. Ainda sobre o sujeito ativo, Bitencourt (2014b, p. 357) explica:

> O sujeito ativo pode ser qualquer pessoa, independente de qualidade ou condição especial, menos o coautor ou partícipe do crime anterior (participar do crime anterior, por exemplo, e a seguir comprar a parte dos demais), que seja pressuposto da receptação. A receptação para eventual participante do crime antecedente (coautor ou partícipe) constitui pós-fato impunível.

O parágrafo 1º, porém, define sujeito ativo próprio, pois determina que só pode ser praticado por comerciante ou industrial.

O sujeito passivo é o mesmo do crime antecedente.

— 5.9.4 —
Objeto material e bem jurídico protegido do delito

O bem jurídico protegido é tutela da inviolabilidade do patrimônio.

Não se pode olvidar que a receptação atinge novamente o direito já violado, permanecendo a situação antijurídica criada, e obstaculizando, ainda, a recuperação dos produtos obtidos pelo crime anterior (Prado; Carvalho; Carvalho, 2014, p. 992-993).

O objeto material do delito é a coisa produto de crime. O imóvel não pode ser receptado, pois a conduta do tipo penal pressupõe seu deslocamento físico.

— 5.9.5 —
Consumação e tentativa

Na **receptação própria** (parte da doutrina defende que se trata de crime material), o crime se consuma com a efetiva tradição da coisa proveniente de crime e cabe tentativa, por se tratar de crime que admite o fracionamento de sua execução.

Na **receptação imprópria**, o crime se consuma com a influência exercida pelo agente em terceiro de boa-fé incidindo nas condutas descritas pelo tipo penal. Para Bitencourt (2014b, p. 370), a tentativa, na receptação imprópria, é inadmissível. Já para Cunha (2019, p. 438), a tentativa é possível, pois, explica ele, "é possível que o intermediário (receptação imprópria) busque influir no convencimento do terceiro de boa-fé por escrito, caso em que a execução admitirá fracionamento (carta interceptada antes de atingir seu destino)". Portanto, existe doutrina que defende que a receptação imprópria é crime formal.

Quadro 5.9 – Sinopse do crime de receptação

Núcleo do tipo:	na receptação própria, adquirir, receber, transportar, conduzir ou ocultar; na receptação imprópria, influir.
Elemento subjetivo do tipo:	dolo.
Sujeito ativo:	qualquer pessoa. O parágrafo 1º, porém, indica sujeito ativo próprio.
Sujeito passivo:	a mesma vítima do crime antecedente.
Objeto material do delito:	coisa produto de crime.
Bem jurídico protegido:	tutela da inviolabilidade do patrimônio.

Receptação qualificada

A receptação qualificada está descrita no parágrafo 1º do art. 180, como se demonstra a seguir:

§ 1º Adquirir, receber, transportar, conduzir, ocultar, ter em depósito, desmontar, montar, remontar, vender, expor à venda, ou de qualquer forma utilizar, em proveito próprio ou alheio, no exercício de atividade comercial ou industrial, coisa que deve saber ser produto de crime:

Pena – reclusão, de três a oito anos, e multa.

§ 2º Equipara-se à atividade comercial, para efeito do parágrafo anterior, qualquer forma de comércio irregular ou clandestino, inclusive o exercício em residência. (Brasil, 1940, art. 180)

Trata-se de crime próprio, pois só pode ser praticado por quem exerça atividade comercial ou industrial.

Observamos que, na modalidade qualificada de receptação, são outros verbos que compõem o núcleo do tipo penal: *adquirir, receber, transportar, conduzir, ocultar, ter em depósito, desmontar, montar, remontar, vender, expor à venda*, ou de qualquer forma utilizar. A consumação ocorrerá com a prática de qualquer uma delas. É admitida a tentativa.

Receptação culposa

§ 3º Adquirir ou receber coisa que, por sua natureza ou pela desproporção entre o valor e o preço, ou pela condição de quem a oferece, deve presumir-se obtida por meio criminoso:

Pena – detenção, de um mês a um ano, ou multa, ou ambas as penas.

§ 4º A receptação é punível, ainda que desconhecido ou isente de pena o autor do crime de que proveio a coisa. (Brasil, 1940, art. 180)

Observamos que, na modalidade culposa de receptação, são apenas os verbos adquirir e receber que compõem o núcleo do tipo penal. A consumação ocorrerá com a aquisição ou recebimento da coisa. Não é admitida a tentativa.

Receptação privilegiada e perdão judicial

"Na hipótese do § 3º, se o criminoso é primário, pode o juiz, tendo em consideração as circunstâncias, deixar de aplicar a pena. Na receptação dolosa aplica-se o disposto no § 2º do art. 155" (Brasil, 1940, art. 180, § 5º).

Causa de aumento de pena quando o crime versar sobre bens públicos

§ 6º Tratando-se de bens do patrimônio da União, de Estado, do Distrito Federal, de Município ou de autarquia, fundação pública, empresa pública, sociedade de economia mista ou empresa concessionária de serviços públicos, aplica-se em dobro a pena prevista no caput deste artigo. (Brasil, 1940, art. 180)

Receptação animal

Art. 180-A. Adquirir, receber, transportar, conduzir, ocultar, ter em depósito ou vender, com a finalidade de produção ou de comercialização, semovente domesticável de produção, ainda que abatido ou dividido em partes, que deve saber ser produto de crime:

Pena – reclusão, de 2 (dois) a 5 (cinco) anos, e multa. (Brasil, 1940)

Escusa absolutória

Art. 181. É isento de pena quem comete qualquer dos crimes previstos neste título, em prejuízo:

I – do cônjuge, na constância da sociedade conjugal;

II – de ascendente ou descendente, seja o parentesco legítimo ou ilegítimo, seja civil ou natural. (Brasil, 1940)

Escusa relativa

Art. 182. Somente se procede mediante representação, se o crime previsto neste título é cometido em prejuízo:

I – do cônjuge desquitado ou judicialmente separado;

II – de irmão, legítimo ou ilegítimo;

III – de tio ou sobrinho, com quem o agente coabita.

Inaplicabilidade das escusas

Art. 183. Não se aplica o disposto nos dois artigos anteriores:

I – se o crime é de roubo ou de extorsão, ou, em geral, quando haja emprego de grave ameaça ou violência à pessoa;

II – ao estranho que participa do crime.

III – se o crime é praticado contra pessoa com idade igual ou superior a 60 (sessenta) anos. (Brasil, 1940)

Capítulo 6

Crimes contra a liberdade sexual

Os crimes contra a liberdade sexual estão descritos entre os arts. 213 e 234 do Código Penal (CP) (Brasil, 1940). Esses crimes tutelam a dignidade sexual da vítima constrangida mediante violência ou grave ameaça (Cunha, 2019, p. 504).

— 6.1 —
Estupro

O delito de estupro, previsto no art. 213 do CP, conforme expõe o tipo penal, é assim definido:

> Art. 213. Constranger alguém, mediante violência ou grave ameaça, a ter conjunção carnal ou a praticar ou permitir que com ele se pratique outro ato libidinoso:
>
> Pena – reclusão, de 6 (seis) a 10 (dez) anos. (Brasil, 1940)

Nele, pune-se o ato de libidinagem forçado do agente que constrange a vítima; portanto o meio de execução do delito é a violência ou a grave ameaça, por exemplo, o beijo lascivo. Não há necessidade de contato físico entre o agente e a vítima.

Conforme Greco (2019, p. 441), o crime de estupro pode ser classificado como:

- crime doloso;
- crime material;
- crime de dano;
- crime pluriofensivo;

- crime plurissubsistente;
- crime monossubjetivo;
- crime instantâneo;
- crime não transeunte, em caso de ser difícil a constatação do delito por meio de perícia, deverá ser considerado um delito transeunte;
- crime de forma vinculada, quando a conduta for dirigida à prática da conjunção carnal, e, de forma livre, diz respeito ao cometimento de outros atos libidinosos;
- crime de mão própria, quando a conduta for dirigida à conjunção carnal, no que diz respeito ao sujeito ativo, e próprio com relação ao sujeito passivo. Quando o comportamento for dirigido a praticar ou permitir que se pratique outro ato libidinoso, estaremos diante de um crime comum, tanto com relação ao sujeito ativo quanto ao sujeito passivo;
- crime comissivo (regra).

Trata-se de crime hediondo na modalidade consumada e tentada.

— 6.1.1 —
Núcleo do tipo

O núcleo do tipo é constranger alguém.

— 6.1.2 —
Elemento subjetivo do tipo

É o dolo que consiste na vontade de constranger a vítima, mediante os meios de execução previstos no tipo penal (violência ou grave ameaça). Não admite modalidade culposa.

— 6.1.3 —
Sujeitos do crime

Tanto o sujeito ativo quanto o sujeito passivo do delito podem ser qualquer pessoa.

— 6.1.4 —
Objeto material e bem jurídico protegido do delito

O bem jurídico protegido é a liberdade sexual em sentido amplo.

> O bem jurídico tutelado é a liberdade sexual da pessoa em sentido amplo (inclusive sua integridade e autonomia sexual), que tem direito pleno à individualidade carnal. Diz respeito ao livre consentimento ou formação da vontade em matéria sexual (Prado; Carvalho; Carvalho, 2014, p. 1.025).

O objeto material do delito é a pessoa, de qualquer sexo, passivo do crime.

— 6.1.5 —
Consumação e tentativa

O crime se consuma com a prática do ato de libidinagem – gênero que abrange conjunção carnal e vasta enumeração de atos libidinosos ofensivos à dignidade sexual da vítima. A tentativa é possível se iniciada a ação e o ato sexual não se consumar por circunstâncias alheias à vontade de agente (Cunha, 2019, p. 508).

Quadro 6.1 – Sinopse do crime de estupro

Núcleo do tipo:	constranger, praticar ou permitir.
Elemento subjetivo do tipo:	dolo (não se admite modalidade culposa).
Sujeito ativo:	qualquer pessoa.
Sujeito passivo:	qualquer pessoa.
Objeto material do delito:	pessoa, de qualquer sexo, passivo do crime.
Bem jurídico protegido:	liberdade sexual.

As **figuras qualificadas** do delito de estupro estão descritas nos parágrafos 1º e 2º do art. 213 do CP:

> § 1º Se da conduta resulta lesão corporal de natureza grave ou se a vítima é menor de 18 (dezoito) ou maior de 14 (catorze) anos:
>
> Pena – reclusão, de 8 (oito) a 12 (doze) anos.
>
> § 2º Se da conduta resulta morte:
>
> Pena – reclusão, de 12 (doze) a 30 (trinta) anos. (Brasil, 1940)

Se o crime de estupro for cometido contra índio(a), incidirá regra prevista no art. 59 da Lei n. 6.001, de 19 de dezembro de 1973 – Estatuto do Índio (Brasil, 1973), e será considerada uma causa de aumento de pena.

— 6.2 —
Estupro de vulnerável

O delito de estupro de vulnerável é previsto no art. 217-A do CP (Brasil, 1940), conforme expõe o tipo penal:

> Art. 217-A. Ter conjunção carnal ou praticar outro ato libidinoso com menor de 14 (catorze) anos:
>
> Pena – reclusão, de 8 (oito) a 15 (quinze) anos.
>
> § 1º Incorre na mesma pena quem pratica as ações descritas no **caput** com alguém que, por enfermidade ou deficiência mental, não tem o necessário discernimento para a prática do ato, ou que, por qualquer outra causa, não pode oferecer resistência.
>
> § 2º (VETADO)

É punida a conduta do agente que tem conjunção carnal ou pratica outro ato libidinoso com a vítima menor de 14 anos (*caput*), ou portadora de deficiência mental incapaz de discernimento para a pratica do ato (§ 1º), neste último não importando se a incapacidade foi ou não provocada pelo autor (Cunha, 2019, p. 524).

Greco (2019, p. 459) leciona que elementos do crime são:

a. a conduta de ter conjunção carnal;
b. ou praticar qualquer outro ato libidinoso;
c. com pessoa menor de 14 anos.

Conforme Greco (2019, p. 459), o crime de estupro pode ser classificado como:

- crime doloso;
- crime material;
- crime de dano;
- crime pluriofensivo;
- crime plurissubsistente;
- crime monossubjetivo;
- crime instantâneo;
- crime transeunte e não transeunte. Dependendo da forma como é praticado, o crime poderá deixar vestígios, a exemplo do coito vagínico ou do sexo anal; caso contrário, será difícil a sua constatação por meio de perícia, oportunidade em que deverá ser considerado um delito transeunte;
- crime de forma vinculada, quando disser respeito à conjunção carnal; e de forma livre, quando estivermos diante de um comportamento dirigido à prática de outros atos libidinosos;
- no que diz respeito ao sujeito ativo, quando a conduta for dirigida à conjunção, terá a natureza de crime de mão própria e comum nas demais situações. Crime próprio com relação ao sujeito passivo;
- crime comissivo (regra).

Trata-se de crime hediondo na modalidade consumada e tentada.

— 6.2.1 —
Núcleo do tipo

O núcleo do tipo é **ter** conjunção carnal com menor de 14 anos e **praticar** com menor de 14 anos.

— 6.2.2 —
Elemento subjetivo do tipo

É o dolo que consiste na vontade de ter conjunção carnal ou praticar outro ato libidinoso com menor de 14 anos. Não admite modalidade culposa.

— 6.2.3 —
Sujeitos do crime

O sujeito ativo do crime é qualquer pessoa, visto que se trata de crime comum. O sujeito passivo do delito podem ser o menor de 14 anos (*caput*) e aquele que, por enfermidade ou deficiência mental, não tem o necessário discernimento para a prática do ato, ou que, por qualquer outra causa, não pode oferecer resistência (Brasil, 1940, art. 217-A, § 1º), independentemente do consentimento da vítima (Brasil, 1940, art. 217-A, § 5º).

— 6.2.4 —
Objeto material e bem jurídico protegido do delito

O bem jurídico protegido é a dignidade sexual dos vulneráveis. O objetivo é proteger a integridade e a privacidade dessas pessoas no âmbito sexual (Masson, 2014b, p. 60).

Greco (2019, p. 461) afirma que o bem jurídico protegido, no presente delito, é a liberdade quanto à dignidade sexual e o desenvolvimento sexual do indivíduo.

O objeto material do delito é a pessoa vulnerável.

— 6.2.5 —
Consumação e tentativa

O crime se consuma com a prática do ato de ter a conjunção carnal ou com o ato de libidinagem. A tentativa é possível se, iniciada a ação, o ato sexual não se consumar por circunstâncias alheias à vontade de agente.

Quadro 6.2 – Sinopse do crime de estupro de vulnerável

Núcleo do tipo:	ter, praticar.
Elemento subjetivo do tipo:	dolo (não se admite modalidade culposa).
Sujeito ativo:	qualquer pessoa.

(continua)

	(Quadro 6.2 – conclusão)
Núcleo do tipo:	ter, praticar.
Sujeito passivo:	qualquer pessoa menor de 14 anos e aquele que, por enfermidade ou deficiência mental, não tem o necessário discernimento para a prática do ato, ou que, por qualquer outra causa, não pode oferecer resistência.
Objeto material do delito:	pessoa vulnerável, de qualquer sexo, passivo do crime.
Bem jurídico protegido:	dignidade sexual dos vulneráveis.

Figuras qualificadas

As qualificadoras trazem crimes preterdolosos, ou seja, com dolo no antecedente e culpa no consequente.

> § 3º Se da conduta resulta lesão corporal de natureza grave:
>
> Pena – reclusão, de 10 (dez) a 20 (vinte) anos.
>
> § 4º Se da conduta resulta morte:
>
> Pena – reclusão, de 12 (doze) a 30 (trinta) anos. (Brasil, 1940, art. 217-A).

Em 2018, ocorreu uma alteração legislativa importante: o parágrafo 5º CP, o qual afirma que, independentemente do consentimento da vítima ou do fato de ela ter mantido relações sexuais anteriormente ao crime, resta configurado.

§ 5º As penas previstas no **caput** e nos §§ 1º, 3º e 4º deste artigo aplicam-se **independentemente** do consentimento da vítima ou do fato de ela ter mantido relações sexuais anteriormente ao crime. (Incluído pela Lei n. 13.718, de 2018). (Brasil, 1940, art. 217-A, grifo do original)

— 6.3 —
Divulgação de cena de estupro ou de cena de estupro de vulnerável, de cena de sexo ou de pornografia

A lei que inspirou essa inovação legislativa foi a Lei n. 12.737, de 30 de novembro de 2012 (Brasil, 2012a), conhecida como Lei Carolina Dieckmann[1]. Esse delito, previsto no art. 218-C do CP, conforme expõe o tipo penal, é assim definido:

> Art. 218-C. Oferecer, trocar, disponibilizar, transmitir, vender ou expor à venda, distribuir, publicar ou divulgar, por qualquer meio-inclusive por meio de comunicação de massa ou sistema de informática ou telemática –, fotografia, vídeo ou outro registro audiovisual que contenha cena de estupro ou de estupro de vulnerável ou que faça apologia ou induza a

---

1 A lei recebeu esse nome porque seu projeto foi proposto após a atriz, em maio de 2012, ter arquivos de fotos íntimas e de conversas copiados de seu computador pessoal e divulgados na internet sem sua autorização.

sua prática, ou, sem o consentimento da vítima, cena de sexo, nudez ou pornografia: (Incluído pela Lei n. 13.718, de 2018)

Pena – reclusão, de 1 (um) a 5 (cinco) anos, se o fato não constitui crime mais grave. (Brasil, 1940)

Esse tipo penal adveio para punir as pessoas que divulgam imagens de intimidade de, ou com, alguém, independentemente da voluntariedade da pessoa para o registro de sua intimidade.

Assim, Greco (2019, p. 477) explica que, se o agente receber, ainda que da própria vítima as cenas de sexo, nudez ou pornografia e, sem o consentimento da vítima, divulgar esse material, o agente incorrerá na prática do delito em estudo.

Conforme Greco (2019, p. 479), o crime em questão pode ser classificado como:

- crime doloso;
- crime comum;
- crime de forma livre;
- crime de mera conduta;
- crime plurissubsistente;
- crime monossubjetivo;
- crime instantâneo;
- crime não transeunte (regra);
- crime comissivo (regra).

— 6.3.1 —
Núcleo do tipo

O núcleo do tipo é oferecer, trocar, disponibilizar, transmitir, vender ou expor à venda, distribuir, publicar ou divulgar. Verifica-se que não são punidas as condutas de aquisição, posse e armazenamento (como no Estatuto da Criança e do Adolescente)

É um tipo misto alternativo, pois, se ocorrer a prática de mais de uma conduta nuclear no mesmo contexto fático, restará configurado apenas um crime.

— 6.3.2 —
Elemento subjetivo do tipo

É o dolo que consiste na vontade de praticar as condutas nucleares. Não admite modalidade culposa.

— 6.3.3 —
Sujeitos do crime

O sujeito ativo do crime é qualquer pessoa. Trata-se de crime comum.

O sujeito passivo do delito também pode ser qualquer pessoa que tenha sua intimidade sexual violada.

— 6.3.4 —
Objeto material e bem jurídico protegido do delito

O bem jurídico protegido é a intimidade da pessoa.

O objeto material do crime são as fotografias, vídeos ou qualquer outro registro audiovisual.

— 6.3.5 —
Consumação e tentativa

O crime se consuma com a prática das condutas descritas no tipo penal.

Importante frisar que certas modalidades implicam que o crime seja permanente, por exemplo, a exposição à venda.

A tentativa é possível, se, iniciada a ação, o ato de exposição da intimidade de outrem não se consuma por circunstâncias alheias a vontade de agente.

Para Cunha (2019, p. 543), a tentativa é possível também em quase todas as condutas do tipo, salvo na conduta **oferecer,** pois afirma que a conduta de oferecer não é passível de fracionamento.

Quadro 6.3 – Sinopse do crime de divulgação de cena de estupro ou de cena de estupro de vulnerável, de cena de sexo ou de pornografia

Núcleo do tipo:	oferecer, trocar, disponibilizar, transmitir, vender ou expor à venda, distribuir, publicar ou divulgar.
Elemento subjetivo do tipo:	dolo.
Sujeito ativo:	qualquer pessoa.
Sujeito passivo:	qualquer pessoa cuja intimidade sexual seja violada.
Objeto material do delito:	fotografia, vídeos, recursos audiovisuais.
Bem jurídico protegido:	intimidade.

Causa de aumento de pena

§ 1º A pena é aumentada de 1/3 (um terço) a 2/3 (dois terços) se o crime é praticado por agente que mantém ou tenha mantido relação íntima de afeto com a vítima ou com o fim de vingança ou humilhação. (Incluído pela Lei n. 13.718, de 2018) (Brasil, 1940, art. 218-C)

Causa de exclusão de ilicitude

§ 2º Não há crime quando o agente pratica as condutas descritas no **caput** deste artigo em publicação de natureza jornalística, científica, cultural ou acadêmica com a adoção de recurso que impossibilite a identificação da vítima, ressalvada sua prévia autorização, caso seja maior de 18 (dezoito) anos. (Incluído pela Lei n. 13.718, de 2018) (Brasil, 1940, art. 218-C)

Capítulo 7

Dos crimes contra a fé pública

A lei protege a fé pública. Não se trata de bem público e privado, mas, sim, da crença ou da convicção geral na autenticidade e no valor dos documentos e dos atos prescritos para as relações coletivas. Assim, sem a fé pública, a ordem jurídica incorreria em sérios riscos (Masson, 2014b, p. 421).

Nesses tipos penais, não prevalecem a falsificação grosseira (reconhecíveis a olho nu) de documentos, pois não representa perigo à fé pública, portanto a capacidade lesiva é ausente.

Antes de iniciarmos os estudos dos tipos em específico, analisaremos os tipos existentes de falsidade no esquema a seguir.

Quadro 7.1 – Tipos de falsidades

	Falsidade material	Falsidade ideológica	Falsidade pessoal
Incidência	Sobre a coisa	Sobre o conteúdo do documento	Sobre a qualificação pessoal
Imitação da verdade	Por meio de contratação, alteração ou supressão	Por meio de simulação	Por meio da atribuição de dados falsos

Fonte: Elaborado com base em Masson, 2014b, p. 425.

— 7.1 —
Moeda falsa

O delito de moeda falsa, previsto no art. 289 do Código Penal (CP), conforme expõe o tipo penal, é assim definido:

Art. 289. Falsificar, fabricando-a ou alterando-a, moeda metálica ou papel-moeda de curso legal no país ou no estrangeiro:
Pena – reclusão, de três a doze anos, e multa.

§ 1º Nas mesmas penas incorre quem, por conta própria ou alheia, importa ou exporta, adquire, vende, troca, cede, empresta, guarda ou introduz na circulação moeda falsa. (Brasil, 1940)

Conforme Greco (2019, p. 650), esse tipo de crime pode ser classificado como:

- crime comum;
- crime doloso;
- crime de forma livre;
- crime não transeunte;
- crime plurissubsistente;
- crime monossubjetivo;
- crime instantâneo;
- crime comissivo (regra).

Não admite modalidade culposa e a competência para processamento e julgamento é da Justiça Federal.

— 7.1.1 —
Núcleo do tipo

O núcleo do tipo é falsificar.

— 7.1.2 —
Elemento subjetivo do tipo

É o dolo que consiste na vontade de falsificar moeda. Os meios de execução são fabricar ou alterar a moeda falsa. Não é necessário que a moeda falsa entre em circulação para configurar o tipo penal.

Alguns autores defendem tratar-se de dolo direto ou eventual como sendo o elemento subjetivo do presente tipo penal (Prado; Carvalho; Carvalho, 2014, p. 1.228).

— 7.1.3 —
Sujeitos do crime

O sujeito ativo do crime, em geral, é qualquer pessoa (Brasil, 1940, art. 289, *caput*, § 1º, § 2º e § 4º). Já no parágrafo 4º, o sujeito ativo será o funcionário público, bem como aquele que exerça a função de diretor, gerente ou fiscal de banco de emissão (Brasil, 1940; Prado; Carvalho; Carvalho, 2014, p. 1.228).

O sujeito passivo do delito é o Estado e toda a coletividade; secundariamente, também o particular que suporta o prejuízo.

— 7.1.4 —
Objeto material e bem jurídico protegido do delito

O bem jurídico protegido é a fé pública no que se refere à emissão de moeda ou "é a fé pública, relativamente à confiabilidade do sistema de emissão e circulação da moeda" (Masson, 2014b, p. 427).

O objeto material do delito é a moeda metálica ou o papel-moeda em curso legal no país ou no estrangeiro.

— 7.1.5 —
Consumação e tentativa

O crime se consuma no momento da fabricação ou da alteração da moeda, desde que idônea a iludir. Não é necessário que a moeda falsa entre em circulação para configurar o tipo penal.

A tentativa é possível, se, iniciada a ação, o ato não se consuma por circunstâncias alheias à vontade de agente.

Quadro 7.2 – Sinopse do crime de moeda falsa

Núcleo do tipo:	falsificar.
Elemento subjetivo do tipo:	dolo, eventualmente o particular que suporta o prejuízo.
Sujeito ativo:	qualquer pessoa.
Sujeito passivo:	Estado, a coletividade e eventual terceiros que sofram o prejuízo.

(continua)

(Quadro 7.2 - conclusão)

Núcleo do tipo:	falsificar.
Objeto material do delito:	moeda metálica e/ou o papel-moeda.
Bem jurídico protegido:	fé pública.

Forma privilegiada do crime de moeda falsa

"Quem, tendo recebido de boa-fé, como verdadeira, moeda falsa ou alterada, a restitui à circulação, depois de conhecer a falsidade, é punido com detenção, de seis meses a dois anos, e multa" (Brasil, 1940, art. 289, § 2º).

Forma qualificada do crime de moeda falsa

§ 3º É punido com reclusão, de três a quinze anos, e multa, o funcionário público ou diretor, gerente, ou fiscal de banco de emissão que fabrica, emite ou autoriza a fabricação ou emissão:

I - de moeda com título ou peso inferior ao determinado em lei;

II - de papel-moeda em quantidade superior à autorizada.

§ 4º Nas mesmas penas incorre quem desvia e faz circular moeda, cuja circulação não estava ainda autorizada. (Brasil, 1940, art. 289)

O **princípio da insignificância** não é admitido na seara dos crimes contra a fé pública (Masson, 2014a, p. 426). Segue, nesse sentido, a atual jurisprudência do Superior Tribunal de Justiça:

RECURSO ESPECIAL N. 1.852.166-RS (2019/0363371-7) RELATOR: MINISTRO LEOPOLDO DE ARRUDA RAPOSO (DESEMBARGADOR CONVOCADO DO TJ/PE) RECORRENTE: ISMAEL DA SILVA BRUM ADVOGADO: **DEFENSORIA PÚBLICA DA UNIÃO** RECORRIDO: MINISTÉRIO PÚBLICO FEDERAL EMENTA PENAL. PROCESSO PENAL. RECURSO ESPECIAL. MOEDA FALSA. DIVERGÊNCIA JURISPRUDENCIAL. NÃO ATENDIMENTO DOS REQUISITOS LEGAIS E REGIMENTAIS. VIOLAÇÃO AO ART. 71 DO CP. INOVAÇÃO RECURSAL. MATÉRIA NÃO SUSCITADA NA APELAÇÃO. AUSÊNCIA DE PREQUESTIONAMENTO. SÚMULAS 282 E 356 DO STF. RECURSO ESPECIAL NÃO CONHECIDO. DECISÃO Trata-se de recurso especial interposto por ISMAEL DA SILVA BRUM, com fundamento no art. 105, inciso III, alíneas a e c, da Constituição da República, contra o v. acórdão prolatado pelo eg. Tribunal Regional Federal da 4ª Região, assim ementado (fl. 550): "PENAL. MOEDA FALSA. ART. 289, § 1º, DO CÓDIGO PENAL. MATERIALIDADE, AUTORIA E DOLO DELITIVO. **PRINCÍPIO DA INSIGNIFICÂNCIA. INAPLICABILIDADE. CONDENAÇÃO MANTIDA.** REGIME INICIAL FECHADO. CABIMENTO. 1. Comprovadas a autoria e a materialidade, bem como a ciência acerca da falsidade da moeda, restam satisfeitos todos os elementos do tipo previsto no art. 289, § 1º, do Código Penal. **2. Descabida a aplicação do princípio da insignificância ao delito de moeda falsa, que tem como bem jurídico protegido, em primeiro plano, a fé pública, a credibilidade da sociedade em relação à circulação monetária, de modo que configuração do fato típico independe da quantidade de moedas e do valor que representam.** [...] (Brasil, 2019g, grifo nosso).

— 7.2 —
Falsidade ideológica

O delito de falsidade ideológica, previsto no art. 299 do CP, conforme expõe o tipo penal, é assim descrito:

> Art. 299. Omitir, em documento público ou particular, declaração que dele devia constar, ou nele inserir ou fazer inserir declaração falsa ou diversa da que devia ser escrita, com o fim de prejudicar direito, criar obrigação ou alterar a verdade sobre fato juridicamente relevante:
>
> Pena – reclusão, de um a cinco anos, e multa, se o documento é público, e reclusão de um a três anos, e multa, de quinhentos mil réis a cinco contos de réis, se o documento é particular. (Brasil, 1940)

Conforme Prado (2020, p. 1.072), o crime de falsidade ideológica pode ser classificado como:

- crime comum;
- crime omissivo próprio ou puro (omitir), ou em regra comissivo (inserir e fazer inserir);
- crime de mera atividade;
- crime de conteúdo variado.

Não admite modalidade culposa.

Falsidade material é aquela que está relacionada ao conteúdo do documento e a **falsidade ideológica** é aquela relacionada à forma (aparência/exterioridade) do documento.

— 7.2.1 —
Núcleo do tipo

O núcleo do tipo é omitir, inserir e fazer inserir.

— 7.2.2 —
Elemento subjetivo do tipo

É o dolo com especial fim de agir.
    Não admite modalidade culposa.

— 7.2.3 —
Sujeitos do crime

O sujeito ativo do crime, em geral, é qualquer pessoa que tenha o "dever jurídico" de declarar a verdade (Cunha, 2019, p. 762).
    O sujeito passivo do delito é o Estado e, secundariamente, o particular que suporta o prejuízo.

— 7.2.4 —
Objeto material e bem jurídico protegido do delito

O bem jurídico protegido é a fé pública no que se refere à veracidade do conteúdo dos documentos. Se o autor do delito for funcionário público e praticar o crime prevalecendo-se do cargo, aplica-se a causa de aumento, prevista no parágrafo único do art. 299 do CP.

O objeto material do delito é o documento público ou particular.

— 7.2.5 —
Consumação e tentativa

O crime se consuma no momento da prática das condutas do delito em documento público ou particular. Não se exige o uso efetivo do documento falso, nem a obtenção de vantagem para restar configurado o tipo penal.

A tentativa é possível nas modalidades comissivas **inserir ou fazer inserir**, se iniciada a ação, o ato não se consuma por circunstâncias alheias à vontade de agente. Na modalidade **omissiva**, que é a *omitir*, não cabe tentativa.

Quadro 7.3 – Sinopse do crime de falsidade ideológica

Núcleo do tipo:	omitir, inserir, fazer inserir.
Elemento subjetivo do tipo:	dolo (não admite modalidade culposa).
Sujeito ativo:	qualquer pessoa, e funcionário público – (§ 2º).
Sujeito passivo:	é o estado e a coletividade. pode existir sujeito passivo eventual, se lesado.
Objeto material do delito:	é o documento público ou particular.
Bem jurídico protegido:	é a fé pública.

O Superior Tribunal Federal decidiu não existir o crime de falsidade ideológica na inserção de dados inverídicos em petição judicial no *Habeas Corpus* n. 82.605/GO, Rel. Min. Sepúlveda Pertence (Brasil, 2003). Esse é o mesmo entendimento no caso de inserção de informação falsa no Currículo Lattes – Recurso Ordinário em *Habeas Corpus* n. 81.451/RJ (Brasil, 2017e).

— 7.3 —
Falsa identidade

O delito de falsa identidade, previsto no art. 307 do CP (Brasil, 1940), conforme expõe o tipo penal, é assim definido:

> Art. 307. Atribuir-se ou atribuir a terceiro falsa identidade para obter vantagem, em proveito próprio ou alheio, ou para causar dano a outrem:
>
> Pena – detenção, de três meses a um ano, ou multa, se o fato não constitui elemento de crime mais grave.

Conforme Greco (2019, p. 697), o crime de falsa identidade pode ser classificado como:

- crime comum;
- crime doloso;
- crime simples;
- crime transeunte (regra);
- crime de forma livre;

- crime unissubsistente (regra) ou plurissubsistente;
- crime comissivo (regra);
- crime instantâneo.

— 7.3.1 —
Núcleo do tipo

O núcleo do tipo é atribuir-se ou atribuir.

— 7.3.2 —
Elemento subjetivo do tipo

É o dolo com especial fim de agir. É necessário que reste caracterizada a ambição de auferir vantagem de qualquer natureza pelo agente.

Não admite modalidade culposa.

— 7.3.3 —
Sujeitos do crime

O sujeito ativo do crime é qualquer pessoa.

O sujeito passivo do delito é o Estado e, secundariamente, o particular que suporta o prejuízo.

— 7.3.4 —
Objeto material e bem jurídico protegido do delito

O bem jurídico protegido é a fé pública no que se refere à identidade das pessoas.

O objeto material é a identidade.

— 7.3.5 —
Consumação e tentativa

O crime se consuma no momento em que o agente atribui a si ou a terceiro a identidade falsa, mesmo que a vantagem não seja alcançada.

A tentativa é possível na forma escrita.

Quadro 7.4 – Sinopse do crime de falsa identidade

Núcleo do tipo:	atribuir-se ou atribuir.
Elemento subjetivo do tipo:	dolo.
Sujeito ativo:	qualquer pessoa.
Sujeito passivo:	Estado. Pode existir sujeito passivo eventual, se lesado.
Objeto material do delito:	identidade.
Bem jurídico protegido:	fé pública.

O fato de o agente irrogar falsa identidade para afastar de si a responsabilidade por eventual prática criminosa tipifica o delito de falsa identidade, pois o Supremo Tribunal Federal entende que o delito em questão não integra o princípio da autodefesa, contido no art. 5º, inciso LXIII, da Constituição da República (Brasil, 1988; Brasil, 2014c).

Capítulo 8

Dos crimes contra a administração pública

Os crimes contra a administração pública são aqueles praticados por funcionários públicos no exercício de sua função, ou seja, os crimes funcionais. Os crimes dessa natureza afetam a improbidade administrativa, portanto implicam o desvirtuamento da administração pública, visto que ferem seus princípios norteadores: princípio da legalidade, princípio da impessoalidade, princípio da moralidade e princípio da eficiência.

Os tipos de crime contra a administração pública são: peculato, concussão, corrupção passiva, prevaricação e de advocacia administrativa.

— 8.1 —
Peculato

O delito de peculato, previsto no art. 312 do Código Penal (CP) (Brasil, 1940), conforme expõe o tipo penal, é assim definido:

> Art. 312. Apropriar-se o funcionário público de dinheiro, valor ou qualquer outro bem móvel, público ou particular, de que tem a posse em razão do cargo, ou desviá-lo, em proveito próprio ou alheio:
>
> Pena – reclusão, de dois a doze anos, e multa.

O delito de peculato se subdivide em:

a. peculato apropriação (Brasil, 1940, art. 312, *caput*, 1ª parte);
b. peculato desvio (Brasil, 1940, art. 312, *caput*, 2ª parte);

c. peculato furto (Brasil, 1940, art. 312, § 1º);
d. peculato culposo (Brasil, 1940, art. 312, § 2º);
e. peculato mediante erro de outrem – peculato-estelionato (Brasil, 1940, art. 313);
f. peculato eletrônico (art. 313-A e art. 313-B).

Conforme Prado (2020, p. 1129), o crime de peculato classifica-se como:

- crime próprio;
- crime pluriobjetivo;
- crime de dano;
- crime de resultado;
- crime comissivo;
- crime plurissubsistente.

O pressuposto material do crime é a posse lícita ou detenção da coisa pelo agente público em razão do cargo.

— 8.1.1 —
Núcleo do tipo

O núcleo do tipo é apropriar-se ou desviar.

— 8.1.2 —
Elemento subjetivo do tipo

É o dolo, punindo-se a conduta dolosa.

Nesse tipo penal, existe a modalidade culposa expressa no art. 312, parágrafo 2º, do CP (Brasil, 1940).

— 8.1.3 —
Sujeitos do crime

O sujeito ativo do crime é o funcionário público, mas admite concurso com outras pessoas, ainda que não sejam funcionários públicos.

O sujeito passivo do delito é a União, os Estados-membros, o Distrito Federal, os Municípios e as demais pessoas jurídicas do art. 327, parágrafo 1º (Brasil, 1940).

Ainda, Cunha (2019, p. 828) afirma que o sujeito passivo é o Estado, lesado no seu patrimônio, material e moralmente.

— 8.1.4 —
Objeto material e bem jurídico protegido do delito

O bem jurídico protegido é a administração pública.

O objeto material pode ser dinheiro, valor ou qualquer bem móvel público ou particular.

— 8.1.5 —
Consumação e tentativa

No peculato **apropriação** (Brasil, 1940, art. 312, *caput*, 1ª parte), o crime se consuma no momento em que o funcionário público se apropria de dinheiro, valor ou bem móvel.

No peculato **desvio** (Brasil, 1940, art. 312, *caput*, 2ª parte), o crime se consuma quando o funcionário público altera o destino normal do bem, ou seja, emprega outros fins à coisa.

Nas duas modalidades de peculato citadas, a caracterização do crime não reclama lucro efetivo por parte do agente e a tentativa é possível, nos dois casos, por se tratar de crime plurissubsistente.

No peculato **furto** (Brasil, 1940, art. 312, § 1º), a consumação se dá quando ocorre a efetiva subtração da coisa. Esse tipo de peculato segue o entendimento da teoria da *amotio*, como no delito de furto. É possível na modalidade tentada.

No peculato **culposo** (Brasil, 1940, art. 312, § 2º), o crime se consuma quando se aperfeiçoa a conduta dolosa do terceiro. Há necessidade de existir o nexo causal entre os delitos, de maneira que o primeiro tenha possibilitado o segundo. Não cabe a modalidade tentada, por se tratar de modalidade culposa.

No peculato **mediante erro de outrem** – peculato-estelionato (Brasil, 1940, art. 313), o crime se consuma não no momento do recebimento da coisa, mas, sim, quando o agente, uma vez que percebido o terceiro em erro, não o desfaz, apropriando-se da coisa como se fosse dono. Admite a modalidade tentada.

No peculato **eletrônico** (Brasil, 1940, arts. 313-A e 313-B), o crime se consuma com a prática de qualquer núcleo do tipo penal. Nele, admite-se a modalidade tentada.

Quadro 8.1 – Sinopse do crime de peculato

Núcleo do tipo do art. 312:	apropriar-se ou desviar.
Elemento subjetivo do tipo:	dolo direto ou eventual.
Sujeito ativo:	funcionário público (delito especial próprio).
Sujeito passivo:	União, Estados-membros, Distrito Federal, Municípios e demais pessoas jurídicas do (Brasil, 1940, art. 327, § 1º).
Objeto material do delito:	dinheiro, valor ou qualquer outro bem móvel, público ou particular.
Bem jurídico protegido:	Administração Pública.

Peculato furto

O peculato furto está descrito no parágrafo 1º do art. 312 do CP (Brasil, 1940), como segue:

> § 1º Aplica-se a mesma pena, se o funcionário público, embora não tendo a posse do dinheiro, valor ou bem, o subtrai, ou concorre para que seja subtraído, em proveito próprio ou alheio, valendo-se de facilidade que lhe proporciona a qualidade de funcionário.

Peculato culposo

O peculato culposo está descrito no parágrafo 2º do art. 312 do CP (Brasil, 1940): "Se o funcionário concorre culposamente para o crime de outrem: Pena – detenção, de três meses a um ano".

A **reparação do dano no peculato culposo** implica a extinção da punibilidade e a diminuição da pena, como dispõe o parágrafo 3º do tipo penal:

> § 3º No caso do parágrafo anterior, a reparação do dano, se precede à sentença irrecorrível, extingue a punibilidade **(antes do trânsito em julgado da condenação)**; se lhe é posterior **(depois do trânsito em julgado da condenação)**, reduz de metade a pena imposta. (Brasil, 1940, art. 312, grifo nosso)

— 8.2 —

Concussão

O delito de concussão, previsto no art. 316 do CP, conforme expõe o tipo penal, é assim definido:

> Art. 316. Exigir, para si ou para outrem, direta ou indiretamente, ainda que fora da função ou antes de assumi-la, mas em razão dela, vantagem indevida:

Pena – reclusão, de dois a doze anos, e multa. (Brasil, 1940)

Segundo Prado (2020, p. 1.148), o crime de concussão classifica-se como:

- crime próprio;
- crime funcional;
- crime de mera atividade.

A concussão é o crime em que o funcionário público se vale do respeito, ou mesmo do receio, que sua função infunde, impõe concessão de vantagem a que a vítima não tem direito. De igual modo, atua o funcionário desonesto: "sacode o particular da vítima do crime para que caiam frutos não no solo, mas em seu bolso" (Masson, 2014b, p. 641).

De acordo com Masson (2014b, p. 641), são, portanto, elementos da concussão:

a. a exigência de vantagem indevida;
b. o fato de que essa vantagem tenha como destinatário o próprio concussionário ou um terceiro;
c. a exigência de que seja ligada à função do agente, mesmo que esteja fora ou ainda não a tenha assumido.

Espécies de concussão

Podem ser de três espécies: típica, própria e imprópria (Masson, 2014a, p. 641), como veremos com detalhes na sequência:

1. Típica (Brasil, 1940, art. 316, *caput*): ocorre quando o funcionário público exige a vantagem indevida, desconectada de qualquer tributo ou contribuição social.
2. Própria (Brasil, 1940, art. 316, §1º, 1ª parte): ocorre quando se verifica abuso de poder por parte do funcionário, pois ele exigiu tributo ou contribuição social que sabe ou deveria saber ser indevido.
3. Imprópria (Brasil, 1940, art. 316, §1º, parte final): ocorre quando o funcionário público exige tributo ou contribuição social devida, porém empregando na cobrança meio vexatória ou gravosa, que a lei não autoriza.

— 8.2.1 —
Núcleo do tipo

O núcleo do tipo é exigir.

— 8.2.2 —
Elemento subjetivo do tipo

É o dolo, pune-se a conduta dolosa.

Nesse tipo penal, inexiste a modalidade culposa.

— 8.2.3 —
Sujeitos do crime

O sujeito ativo do crime é o funcionário público, mas admite concurso com outras pessoas, ainda que não sejam funcionários públicos.

O sujeito passivo do delito é a administração pública, concomitantemente com a pessoa constrangida (Cunha, 2019, p. 846).

— 8.2.4 —
Objeto material e bem jurídico protegido do delito

O bem jurídico protegido é a administração pública, principalmente, o seu prestígio, da moralidade e da probidade administrativa (Brasil, 2011b).

O objeto material é a vantagem indevida ou ilícita.

— 8.2.5 —
Consumação e tentativa

Na concussão, o delito se consuma na conduta de exigir, perfazendo-se com a mera coação da vítima (crime formal).

Admite-se tentativa, se o *iter criminis* puder ser fracionado em dois ou mais atos.

Quadro 8.2 – Sinopse do crime de concussão

Núcleo do tipo:	exigir.
Elemento subjetivo do tipo:	dolo (não admite modalidade culposa).
Sujeito ativo:	funcionário público (crime próprio ou especial).
Sujeito passivo:	Estado e, de forma secundária, a pessoa física ou jurídica que é atingida pela conduta criminosa.
Objeto material do delito:	vantagem indevida ou ilícita.
Bem jurídico protegido:	administração pública.

Excesso de exação

No delito de excesso de exação, pode ser sujeito ativo, além do funcionário público, aquele que se encontra na condição de particular colaborador, ciente das qualidades do agente público, também responde pela prática do crime (Cunha, 2019, p. 850).

O delito se consuma quando se manifesta a simples exigência, não sendo imprescindível o efetivo recebimento do tributo ou contribuição social, e com a cobrança vexatória ou gravosa, não autorizada em lei (Prado; Carvalho; Carvalho, 2014, p. 1345).

O objeto material do delito em questão é o tributo ou a contribuição social.

O elemento subjetivo é o dolo, não admite modalidade culposa.

§ 1º Se o funcionário exige tributo ou contribuição social que sabe ou deveria saber indevido, ou, quando devido, emprega na cobrança meio vexatório ou gravoso, que a lei não autoriza:

Pena – reclusão, de 3 (três) a 8 (oito) anos, e multa. (Brasil, 1940, art. 316)

Desvio de tributo indevidamente recebido

Se ocorrer o desvio indevidamente recebido, a consumação se perfaz com o efetivo desvio e é admitida a modalidade tentada.

"Se o funcionário desvia, em proveito próprio ou de outrem, o que recebeu indevidamente para recolher aos cofres públicos: Pena–reclusão, de dois a doze anos, e multa" (Brasil, 1940, art. 316, § 2º).

A **prisão em flagrante** somente é possível no momento em que a vantagem está sendo exigida.

Concussão (art. 316) e **abuso de autoridade** – Lei n. 13.869, de 5 de setembro de 2019 (Brasil, 2019a):

Nos casos em que "o funcionário público abusar dos poderes inerentes ao seu cargo para exigir vantagem indevida, poderá estar caracterizado o crime de abuso de autoridade, e não o de concussão" (Masson, 2014a, p. 642).

Os crimes de concussão e de extorsão têm como elementar do tipo o intuito do agente de obter vantagem indevida, no entanto são delitos distintos, pois os bens protegidos e os núcleos do tipo são diferentes, bem como o meio de execução do crime, como explicamos no quadro a seguir.

Quadro 8.3 – Concussão (art. 316) *versus* extorsão (art. 158)

Concussão	Extorsão
Crime contra a administração pública	Crime contra o patrimônio
Meio de execução: é a intimidação amparada nos poderes inerentes ao cargo ocupado ou a ser pelo funcionário público.	Meio de execução: é a violência à pessoa ou a grave ameaça embasada em mal estranho ao cargo ocupado ou a ser ocupado pelo funcionário público.

Fonte: Elaborado com base em Masson, 2014a, p. 645.

Greco (2019, p. 732) diferencia o crime de concussão e o de extorsão da seguinte forma:

> Na extorsão, a vítima é constrangida, mediante violência ou grave ameaça, a entregar a indevida vantagem econômica ao agente; na concussão, contudo, o funcionário público deve exigir a indevida vantagem sem o uso de violência ou de grave ameaça, que são elementos do tipo penal do art. 158 do CP. Além do modo como o delito é pratica, na extorsão, de acordo com a redação legal, a indevida vantagem deve ser sempre econômica; ao contrário, no delito de concussão, o art. 316 do

CP somente usa a expressão vantagem indevida, podendo ser esta de qualquer natureza.

Importante mencionar que Masson (2014a, p. 647) expõe que é possível a responsabilização do delito de concussão pelos jurados, no Tribunal do Júri, na hipótese de exigência de vantagem indevida, para si ou para outrem, durante a sessão plenária, pois o art. 327 do CP (Brasil, 1940) admite os jurados na qualidade de funcionário público.

Ademais, observamos o que dispõe o art. 445 do Código de Processo Penal (Brasil, 1941): o jurado, no exercício da sua função, será responsável criminalmente nos mesmos moldes que os juízes togados.

— 8.3 —
Corrupção passiva

O delito de corrupção passiva, previsto no art. 317 do CP (Brasil, 1940), conforme expõe o tipo penal, é assim definido:

> Art. 317. Solicitar ou receber, para si ou para outrem, direta ou indiretamente, ainda que fora da função ou antes de assumi-la, mas em razão dela, vantagem indevida, ou aceitar promessa de tal vantagem:
>
> Pena – reclusão, de 2 (dois) a 12 (doze) anos, e multa.

De acordo com Greco (2019, p. 734), o crime de corrupção passiva é classificado como:

- crime próprio;
- crime doloso;
- crime simples;
- crime formal;
- crime de forma livre;
- crime unissubsistente ou plurissubsistente;
- crime monossubjetivo;
- crime comissivo ou omissivo;
- crime instantâneo.

— 8.3.1 —
Núcleo do tipo

O núcleo do tipo é solicitar ou receber.

— 8.3.2 —
Elemento subjetivo do tipo

É o dolo, consistente na vontade dirigida às práticas das condutas descritas no tipo penal.

Nesse tipo penal, inexiste a modalidade culposa.

— 8.3.3 —
Sujeitos do crime

O sujeito ativo do crime é o funcionário público, mas admite concurso com outras pessoas, ainda que não sejam funcionários públicos.

O sujeito passivo é o Estado, especificamente, a administração pública e, de forma secundária, a pessoa física ou jurídica atingida pela conduta criminosa.

— 8.3.4 —
Objeto material e bem jurídico protegido do delito

O bem jurídico protegido é a administração pública, especificamente, a moralidade administrativa.

O objeto material é a vantagem indevida ou ilícita.

— 8.3.5 —
Consumação e tentativa

Para falar em consumação no delito de corrupção passiva, as condutas do tipo penal devem ser abordadas individualmente.

Nas condutas de **solicitar e aceitar promessa** de vantagem, as quais são crimes formais, a consumação ocorrerá ainda que a gratificação não se concretize. Já na modalidade **receber**, a qual é crime material, exige-se o devido enriquecimento do agente.

Admite-se a tentativa na conduta *solicitar*, quando realizada por meio da escrita (Cunha, 2019, p. 858).

Quadro 8.4 – Sinopse do crime de corrupção passiva

Núcleo do tipo:	solicitar, receber.
Elemento subjetivo do tipo:	dolo (não admite modalidade culposa).
Sujeito ativo:	funcionário público (crime próprio ou especial).
Sujeito passivo:	administração pública e, de forma secundária, a pessoa física ou jurídica atingida pela conduta criminosa.
Objeto material do delito:	vantagem indevida ou ilícita.
Bem jurídico protegido:	administração pública.

Causa de aumento de pena

"A pena é aumentada de um terço, se, em consequência da vantagem ou promessa, o funcionário retarda ou deixa de praticar qualquer ato de ofício ou o pratica infringindo dever funcional" (Brasil, 1940, art. 317, § 1º).

Corrupção passiva privilegiada

§ 2º Se o funcionário pratica, deixa de praticar ou retarda ato de ofício, com infração de dever funcional, cedendo a pedido ou influência de outrem:

Pena – detenção, de três meses a um ano, ou multa. (Brasil, 1940, art. 317)

Espécies de corrupção passiva

A corrupção passiva **imprópria** é aquela que visa à prática de ato legítimo. A corrupção passiva **própria** é aquela que tem por finalidade a realização de ato injusto. A corrupção passiva **antecedente** se caracteriza quando a vantagem é dada ou prometida em vista de uma ação, positiva, negativa ou futura. Mas, se a vantagem é dada ou prometida por uma ação, caracterizará a corrupção passiva **subsequente** (Cunha, 2019, p. 857).

É importante destacarmos as seguintes características e diferenças:

- **Corrupção passiva e o princípio da insignificância**: princípio da insignificância não é aplicado nos crimes de corrupção.
- **O crime de concussão e o crime de corrupção passiva**: no delito de concussão o núcleo do tipo é o verbo *exigir*, e no crime de corrupção passiva o núcleo do tipo é o verbo *solicitar*. Portanto, a partir do núcleo do tipo é possível distinguir os dois delitos.
- **O crime de corrupção passiva e o crime de corrupção ativa**: delito de corrupção passiva possui três verbos: *solicitar, receber* e *aceitar* promessa. E o delito de corrupção ativa tem dois outros verbos: *oferecer* e *prometer*.

- **O crime de corrupção passiva e jurados:** importante mencionar que Masson (2014a, p. 662) expõe que é possível a responsabilização do delito de corrupção passiva dos jurados no Tribunal do Júri, pois o art. 327 do CP (Brasil, 1940) admite os jurados na qualidade de funcionários públicos. Ademais, observa-se o que dispõe o art. 445 do Código de Processo Penal, que "o jurado, no exercício da sua função, será responsável criminalmente nos mesmos moldes que os juízes togados" (Brasil, 1941).

- **O crime de corrupção passiva e falso testemunho:** o delito de falso testemunho ou falsa perícia efetuada mediante o recebimento de suborno acarreta a configuração do crime tipificado no art. 342, parágrafo 1º, do CP (Brasil, 1940). Esse conflito aparente de leis penais é solucionado com o princípio da especialidade, portanto afasta-se a regra do art. 317, *caput*, do CP (Masson, 2014a, p. 663).

— 8.4 —

Prevaricação

O delito de prevaricação, previsto no art. 319 do CP (Brasil, 1940), conforme expõe o tipo penal, é assim definido:

> Art. 319. Retardar ou deixar de praticar, indevidamente, ato de ofício, ou praticá-lo contra disposição expressa de lei, para satisfazer interesse ou sentimento pessoal:
> Pena – detenção, de três meses a um ano, e multa.

Conforme Greco (2019, p. 740), o crime de prevaricação é classificado como:

- crime doloso;
- crime de forma livre;
- crime instantâneo;
- crime monossubjetivo;
- crime de mão própria;
- crime transeunte (regra);
- crime unissubsistente ou plurissubsistente.

— 8.4.1 —
Núcleo do tipo

O núcleo do tipo é retardar ou deixar de praticar.

— 8.4.2 —
Elemento subjetivo do tipo

É o dolo, consistente na vontade dirigida às práticas das condutas descritas no tipo penal.

Nesse tipo penal, inexiste a modalidade culposa.

— 8.4.3 —
Sujeitos do crime

O sujeito ativo do crime é o funcionário público. Não admite coautoria, mas somente participação (Masson, 2014b, p. 675).

O sujeito passivo é o Estado e, de forma secundária, a pessoa atingida pela conduta criminosa.

— 8.4.4 —
Objeto material e bem jurídico protegido do delito

O bem jurídico protegido é a administração pública.

O objeto material é o ato de ofício retardado ou omitido de forma indevida.

— 8.4.5 —
Consumação e tentativa

A consumação no delito de prevaricação se dá com o retardamento, a omissão ou a prática do ato, sendo dispensável a satisfação do interesse visado pelo servidor.

De acordo com Cunha (2019, p. 863), "admite-se a tentativa nas modalidades comissivas".

Quadro 8.5 – Sinopse do crime de prevaricação

Núcleo do tipo:	retardar, dexar.
Elemento subjetivo do tipo:	dolo (não admite modalidade culposa).
Sujeito ativo:	funcionário público (crime próprio ou especial), mas admite concurso com particular.
Sujeito passivo:	Estado.
Objeto material do delito:	ato de ofício retardado ou omitido de forma indevida.
Bem jurídico protegido:	administração pública

— 8.5 —
Advocacia administrativa

O delito de advocacia administrativa, previsto no art. 321 do CP (Brasil, 1940), conforme expõe o tipo penal, é assim definido: "Patrocinar, direta ou indiretamente, interesse privado perante a administração pública, valendo-se da qualidade de funcionário: Pena – detenção, de um a três meses, ou multa".

Conforme Greco (2019, p. 747), classifica-se o crime de advocacia administrativa como:

- crime próprio;
- crime doloso
- crime de forma livre;
- crime plurissubsistente;
- crime monossubjetivo;

- crime comissivo ou omissivo;
- crime transeunte;
- crime instantâneo.

— 8.5.1 —
Núcleo do tipo

O núcleo do tipo é patrocinar.

— 8.5.2 —
Elemento subjetivo do tipo

É o dolo que independe de finalidade específica. Na forma qualificada (parágrafo único), é necessário que reste configurada a ciência da ilegitimidade do interesse.

Nesse tipo penal, inexiste a modalidade culposa.

— 8.5.3 —
Sujeitos do crime

O sujeito ativo do crime é o funcionário público, por isso trata-se de crime próprio. O sujeito passivo é o Estado e, de forma secundária, a pessoa atingida pela conduta criminosa.

— 8.5.4 —
Objeto material e bem jurídico protegido do delito

O bem jurídico protegido é a administração pública, especialmente, a moralidade administrativa.

O objeto material é o interesse privado e o alheio patrocinado.

— 8.5.5 —
Consumação e tentativa

Trata-se de crime formal, de consumação antecipada ou de resultado cortado. Isso implica dizer que o delito se consuma com o simples patrocínio pelo funcionário público do interesse privado ou alheio, o que independe de efetiva obtenção de benefício pelo particular.

Admite-se a tentativa nas modalidades comissivas.

Quadro 8.6 – Sinopse do crime de advocacia administrativa

Núcleo do tipo:	patrocinar.
Elemento subjetivo do tipo:	dolo direto.
Sujeito ativo:	qualquer pessoa.
Sujeito passivo:	Estado e a coletividade. Pode existir sujeito passivo eventual, se lesado.
Objeto material do delito:	interesse privado e alheio patrocinado.
Bem jurídico protegido:	administração pública.

Importante mencionar algumas diferenças entre o delito de advocacia administrativa e outros delitos constantes no CP (Brasil, 1940):

a. **O crime de concussão e o crime da advocacia administrativa**: na concussão, o funcionário público exige vantagem indevida a um particular; na advocacia administrativa, o funcionário público utiliza-se de sua influência para tanto.

b. **O crime de corrupção passiva e o crime da advocacia administrativa**: na advocacia administrativa, o funcionário público patrocina interesse de um particular; na corrupção passiva, o funcionário público solicita ou recebe vantagem indevida.

c. **O crime de prevaricação e o crime da advocacia administrativa**: na advocacia administrativa, o funcionário público não tem atribuição (competência) para praticar o ato, motivo pelo qual ele influencia o agente público; no crime de prevaricação, o funcionário público retarda ou deixa de praticar, indevidamente, ato de ofício para satisfazer a interesse pessoal ou alheio.

Causa de aumento de pena

Parágrafo único. Se o interesse é ilegítimo:
Pena – detenção, de três meses a um ano, além da multa.

Fonte: Brasil, 1940, art. 321.

Capítulo 9

Dos crimes praticados por particular contra a administração em geral

Nos arts. 331 e 333 do Código Penal (CP) (Brasil, 1940), estão previstos os crimes de desacato e de corrupção ativa, entre outros tipos de crimes praticados por particular contra a administração em geral. Neste capítulo, nos ocuparemos, especificamente, desses dois tipos.

— 9.1 —
Desacato

O pressuposto para a ocorrência desse crime é a presença do funcionário público que, em razão de sua função, seja ofendido (Cunha, 2019, p. 902). O delito de desacato, previsto no art. 331 do CP (Brasil, 1940), é assim definido: "Desacatar funcionário público no exercício da função ou em razão dela: Pena – detenção, de seis meses a dois anos, ou multa".

De acordo com Greco (2019, p. 775), o crime de desacato classifica-se em:

- crime doloso;
- crime comum;
- crime transeunte;
- crime de forma livre;
- crime unissubsistente ou plurissubsistente;
- crime monossubjetivo;
- crime comissivo (regra);
- crime instantâneo.

— 9.1.1 —
Núcleo do tipo

O núcleo do tipo é desacatar.

— 9.1.2 —
Elemento subjetivo do tipo

O elemento subjetivo é o dolo e, nesse tipo penal, inexiste a modalidade culposa.

— 9.1.3 —
Sujeitos do crime

O sujeito ativo do crime é qualquer pessoa, visto que se trata de crime comum. O sujeito passivo é o Estado.

— 9.1.4 —
Objeto material e bem jurídico protegido do delito

O bem jurídico protegido é a Administração Pública, especialmente a moralidade administrativa.

O objeto material é o funcionário público contra quem se dirige a conduta delituosa.

— 9.1.5 —
Consumação e tentativa

A consumação se dá quando o agente pratica as condutas do tipo penal, ou seja, quando o agente pratica atos ofensivos ou ultrajantes ao funcionário público.

Admite-se a tentativa, salvo no caso do desacato proferido verbalmente pelo agente.

Quadro 9.1 – Sinopse do crime de desacato

Núcleo do tipo:	desacatar
Elemento subjetivo do tipo:	dolo, não admite modalidade culposa.
Sujeito ativo:	qualquer pessoa.
Sujeito passivo:	Estado.
Objeto material do delito:	funcionário público.
Bem jurídico protegido:	administração pública.

— 9.2 —
Corrupção ativa

O delito de corrupção ativa, previsto no art. 333 do CP (Brasil, 1940), é assim descrito: "Oferecer ou prometer vantagem indevida a funcionário público, para determiná-lo a praticar, omitir ou retardar ato de ofício: Pena – reclusão, de 2 (dois) a 12 (doze) anos, e multa".

De acordo com Greco (2019, p. 780), classifica-se o crime de corrupção ativa como:

- crime doloso;
- crime comum;
- crime formal;
- crime de forma livre;
- crime transeunte;
- crime unissubsistente ou plurissubsistente;
- crime monossubjetivo;
- crime comissivo (regra);
- crime instantâneo.

— 9.2.1 —
Núcleo do tipo

O núcleo do tipo é desacatar.

— 9.2.2 —
Elemento subjetivo do tipo

É o dolo, consistente na vontade consciente do agente de oferecer ou prometer vantagem a funcionário público, mesmo sabendo que essa vantagem era indevida, somado ao fim especial de conseguir do servidor a prática, a omissão ou o retardamento do ato de ofício. Assim, devemos entender que não será o oferecimento de qualquer vantagem que vai configurar essa conduta típica, pois a vantagem deve ser com o intuito de impedir o funcionário público de desempenhar suas funções (Cunha, 2019, p. 910).

Admite a tentativa se o *iter criminis* puder ser fracionado, no entanto essa hipótese é de difícil constatação.

Não admite modalidade culposa.

— 9.2.3 —
Sujeitos do crime

O sujeito ativo do crime é qualquer pessoa, visto que se trata de crime comum. O sujeito passivo é o Estado.

— 9.2.4 —
Objeto material e bem jurídico protegido do delito

O bem jurídico protegido é a administração pública, especialmente, a moralidade administrativa. O objeto material é a vantagem indevida.

— 9.2.5 —
Consumação e tentativa

A consumação se dá quando o agente pratica as condutas do tipo penal, ou seja, quando o agente pratica atos ofensivos ou ultrajantes ao funcionário público.

Admite-se a tentativa, salvo no caso do desacato proferido verbalmente pelo agente.

Quando 9.2 – Sinopse do crime de corrupção ativa

Núcleo do tipo:	oferecer ou prometer.
Elemento subjetivo do tipo:	dolo, não admite modalidade culposa.
Sujeito ativo:	qualquer pessoa.
Sujeito passivo:	Estado.
Objeto material do delito:	vantagem indevida.
Bem jurídico protegido:	Administração Pública.

Corrupção ativa e o "jeitinho"

Quando o particular pede ao funcionário público para dar "um jeitinho" em questões do seu interesse, pode implicar dois resultados: primeiro, caso o funcionário público "dê o jeitinho" e, nisso, infringir seu dever funcional, ele responderá por crime de corrupção passiva privilegiada (Brasil, 1940, art. 317, § 2º), e, segundo, o particular responderá como partícipe (Masson, 2014 b, p. 764).

Causa de aumento de pena

"A pena é aumentada de um terço, se, em razão da vantagem ou promessa, o funcionário retarda ou omite ato de ofício, ou o pratica infringindo dever funcional" (Brasil, 1940, art. 333, parágrafo único).

Capítulo 10

Dos crimes contra a administração da justiça

Os crimes contra a administração da justiça integram o Capítulo III do Título XI do Código Penal (CP) (Brasil, 1940), os crimes contra a administração pública. Entre os vários tipos de crimes contra a administração da justiça, abordaremos, aqui, a denunciação caluniosa e a fraude processual.

— 10.1 —
Denunciação caluniosa

O delito de denunciação caluniosa, previsto no art. 339 do CP (Brasil, 1940), é assim descrito:

> Art. 339. Dar causa à instauração de investigação policial, de processo judicial, instauração de investigação administrativa, inquérito civil ou ação de improbidade administrativa contra alguém, imputando-lhe crime de que o sabe inocente:
> Pena – reclusão, de dois a oito anos, e multa.

Esse tipo penal ofende o regular (fluidez) andamento da justiça. Assim, sua tipificação busca proteger a honra do ofendido e não permitir a banalização do uso das instituições de justiça.

Greco (2019, p. 802) classifica o crime de denunciação caluniosa como:

- crime comum;
- crime de forma livre;
- crime plurissubsistente;

- crime monossubjetivo;
- crime comissivo (regra);
- crime permanente;
- crime doloso;
- crime não transeunte.

— 10.1.1 —
Núcleo do tipo

O núcleo do tipo é dar causa.

— 10.1.2 —
Elemento subjetivo do tipo

É o dolo direto. Admite a tentativa, pois o *iter criminis* pode ser fracionado.

Para fins de caracterização do delito de denunciação caluniosa sobre o conhecimento do agente, segue a jurisprudência do Superior Tribunal de Justiça:

> RECURSO EM HABEAS CORPUS. DENUNCIAÇÃO CALUNIOSA. TRANCAMENTO DO PROCESSO. FALTA DE JUSTA CAUSA. ELEMENTOS OBJETIVO E SUBJETIVO NÃO CONFIGURADO. ATIPICIDADE DA CONDUTA. RECURSO PROVIDO. 1. O trancamento prematuro da persecução penal é medida excepcional, admissível somente quando emerge dos autos, ictu oculi, a falta de justa causa, a atipicidade da conduta, a extinção

da punibilidade ou a inépcia formal da denúncia. 2. **Dispõe o art. 339 do Código Penal que incorre em denunciação caluniosa, crime previsto com pena de reclusão, de 2 a 8 anos, e multa, aquele que der "causa a instauração de investigação policial, de processo judicial, instauração de investigação administrativa, inquérito civil ou ação de improbidade administrativa contra alguém, imputando-lhe crime de que o sabe inocente". 3. Consoante à jurisprudência desta Corte Superior, para caracterização do crime de denunciação caluniosa é imprescindível que o sujeito ativo saiba que a imputação do crime é objetivamente falsa ou que tenha certeza de que a vítima é inocente.** 4. As circunstâncias fáticas delineadas na denúncia e nas decisões proferidas pelas instâncias ordinárias evidenciam que a investigação foi instaurada contrariamente à vontade manifestada, de modo expresso, pela ora requerente. 5. A própria denúncia é clara ao reconhecer que a acusada compareceu à Promotoria de Justiça Especializada na Defesa da Mulher para requerer medidas protetivas de urgência contra seu ex-marido, que é juiz de direito, e, ao ser atendido pelo núcleo de serviço psicossocial, relatou ao profissional a suposta agressão sexual sofrida por sua filha. Na ocasião, disse que não pretendia dar ensejo a investigação contra ele. 6. Também não está configurado o elemento subjetivo do delito em exame, pois, conforme expressamente assentado em registros de depoimentos, a denunciada apenas suspeitava da prática de abuso sexual por parte de seu ex-companheiro contra sua filha. **Assim, não lhe pode ser imputado o cometimento do crime de denunciação caluniosa, visto que, em nenhum momento, se indica circunstância que caracterize ter ela ciência da inocência do ex-cônjuge.** 7. Recurso provido para reconhecer a atipicidade da conduta imputada à recorrente e trancar, ab initio, o processo. (Brasil, 2019h, grifo nosso)

Não admite modalidade culposa.

— 10.1.3 —
Sujeitos do crime

O sujeito ativo do crime é qualquer pessoa, visto que se trata de crime comum. O sujeito passivo é o Estado e, secundariamente, a pessoa atingida pelo delito.

— 10.1.4 —
Objeto material e bem jurídico protegido do delito

O bem jurídico protegido é a administração da justiça, espécie do gênero administração pública.

O objeto material é a investigação policial, o processo judicial, a investigação administrativa (não abrange as sindicâncias) (Cunha, 2019. p. 961).

— 10.1.5 —
Consumação e tentativa

A consumação se dá com o início das atividades investigativas (dispensa-se a instauração de inquérito policial) ou dos demais procedimentos elencados pelo *caput*. Admite-se "tentativa quando a queixa ou a denúncia é rejeitada, nas hipóteses em que a autoridade policial não inicia procedimento investigatório, ou ainda se feita por escrito" (Cunha, 2019, p. 964).

Quadro 10.1 – Sinopse do crime de denunciação caluniosa

Núcleo do tipo:	dar causa.
Elemento subjetivo do tipo:	dolo, não admite modalidade culposa.
Sujeito ativo:	qualquer pessoa.
Sujeito passivo:	Estado.
Objeto material do delito:	função pública (investigação policial, o processo judicial, a investigação administrativa).
Bem jurídico protegido:	administração da justiça, espécie do gênero administração pública.

Causa de aumento de pena

"A pena é aumentada de sexta parte, se o agente se serve de anonimato ou de nome suposto" (Brasil, 1940, art. 339, § 1º).

Causa de diminuição de pena

"A pena é diminuída de metade, se a imputação é de prática de contravenção" (Brasil, 1940, art. 339, § 2º).

Por um lado, parte da doutrina afirma que se trata de um crime complexo, uma vez que une o delito de calúnia com a conduta lícita de noticiar à autoridade pública a prática de crime ou contravenção penal e sua respectiva autoria (Masson, 2014b, p. 825).

Entretanto, parte da doutrina defende que não se trata de um crime complexo, pois este nasce da fusão de dois tipos penais, no entanto, no crime de denunciação caluniosa, percebemos apenas um tipo penal (com base na leitura do tipo), o de calúnia, acrescido de elementos "dar causa à instauração de procedimento oficial contra alguém" (Cunha, 2019, p. 959).

— 10.2 —
Fraude processual

Esse tipo penal ofende o regular (fluidez) andamento da justiça. O delito de fraude processual, previsto no art. 347 do CP (Brasil, 1940), é assim definido:

> Art. 347. Inovar artificiosamente, na pendência de processo civil ou administrativo, o estado de lugar, de coisa ou de pessoa, com o fim de induzir a erro o juiz ou o perito:
> Pena – detenção, de três meses a dois anos, e multa.

De acordo com Greco (2019, p. 821), classifica-se o crime de fraude processual como:
- crime comum;
- crime de forma livre;

- crime de doloso;
- crime plurissubsistente;
- crime monossubjetivo;
- crime comissivo (regra);
- crime não transeunte;
- crime instantâneo.

Ele prescinde a existência de processo civil ou criminal em curso.

É um crime subsidiário, uma vez que será aplicado se a conduta não constituir crime de natureza mais grave.

— 10.2.1 —
Núcleo do tipo

O núcleo do tipo é inovar.

— 10.2.2 —
Elemento subjetivo do tipo

É o dolo direto. Nesse tipo penal, é necessário um especial fim de agir do agente: o de induzir a erro o magistrado ou perito.

Não admite modalidade culposa.

— 10.2.3 —
Sujeitos do crime

O sujeito ativo do crime é qualquer pessoa, visto que se trata-se de crime comum. O sujeito passivo é o Estado e, secundariamente, a pessoa atingida pelo delito.

— 10.2.4 —
Objeto material e bem jurídico protegido do delito

O bem jurídico protegido é a administração da justiça, espécie do gênero administração pública.

    O objeto material é a coisa, o lugar ou a pessoa que suporta a ação artificiosa.

— 10.2.5 —
Consumação e tentativa

A consumação se dá com o emprego do meio fraudulento do agente para inovar na pendência do processo. É irrelevante que induza, ou não, em erro o magistrado, ou perito, pois se trata de crime formal.

    Admite a tentativa, pois o *iter criminis* pode ser fracionado.

Quadro 10.2 – Sinopse do crime de fraude processual

Núcleo do tipo:	inovar.
Elemento subjetivo do tipo:	dolo, não admite modalidade culposa.
Sujeito ativo:	qualquer pessoa.
Sujeito passivo:	Estado.
Objeto material do delito:	coisa, o lugar ou a pessoa que suporta a ação artificiosa.
Bem jurídico protegido:	administração da justiça.

Causa de aumento de pena

"Se a inovação se destina a produzir efeito em processo penal, ainda que não iniciado, as penas aplicam-se em dobro" (Brasil, 1940, art. 347, parágrafo único).

Distinção entre fraude processual e o crime de estelionato

Tanto o crime de fraude processual como o crime de estelionato têm o emprego de fraude como meio de execução do delito, mas o especial fim de agir do agente as difere. Vejamos:

a. Fraude processual: especial fim de agir é o intuito de induzir o juiz em erro (crime contra a administração da justiça).
b. Estelionato: especial fim de agir é induzir a vítima em erro para lhe entregar a coisa/vantagem espontaneamente em prejuízo alheio (crime contra o patrimônio).

Perito pode ser sujeito ativo do crime de fraude processual?

Não, pois ainda que o perito inove artificiosamente, com o fim de induzir em erro o juiz, a ele será imputado o crime de falsa perícia contido no art. 342, parágrafo 1º, do CP (Brasil, 1940).

Fraude processual e os limites do direito de não produzir prova contra si mesmo

O fato do agente não se auto incriminar não constitui o crime de fraude processual em hipótese alguma, em razão do princípio do *nemo tenetur se detegere* (o direito de não produzir prova contra si mesmo).

Considerações finais

Nesta obra, discorremos sobre crimes em espécie do ordenamento jurídico brasileiro por meio de uma apresentação pormenorizada dos delitos, com a intenção de possibilitar a incursão do leitor nas particularidades de cada tipo penal. A imersão em doutrinas, artigos científicos e na mais recente e atualizada jurisprudência auxiliou-nos a sintetizar os principais e mais usuais tipos penais, juntamente com suas mais importantes particularidades. Para escolher os "principais" tipos penais, visto que, para fins de estudos, todos são de extrema relevância, optamos por condensar os crimes penais de maior importância e incidência da prática do direito penal contemporâneo, enumerando-os conforme o CP brasileiro.

Buscamos contemplar, de forma didática e objetiva, esses estudos por meio da apresentação das classificações individualizadas dos tipos penais, da identificação dos sujeitos, da verificação da forma com que se dá a consumação dos delitos, bem como as respectivas tentativas (se existir essa possibilidade), objetividade jurídica, objeto material do delito etc. Dessa forma, pretendemos oferecer ao leitor a compreensão do campo dogmático para a prática diária forense, ampliando o campo de estudo e a absorção do conteúdo.

Entre os crimes de maior importância e de maior incidência estão os cometidos contra a vida humana, previstos nos arts. 121 a 128 do CP brasileiro (Brasil, 1940), conteúdo estudado no Capítulo 1, no qual abordamos as características dos tipos penais em suas particularidades. Como dissemos, o homicídio é um crime em que sentimentos como ódio, rancor, inveja e repulsa se misturam, tornando-o um tipo especial, distinto dos demais. Como descreve Greco (2015a, p. 132), depois de matar, o homicida se conscientiza das consequências de seu ato, sendo tomado pelo medo e pela insegurança. A partir desse momento, ele se tornará um fugitivo de si mesmo. Apesar disso, sabemos da existência de criminosos frios, que manifestam sentimentos prazerosos no ato de matar, cujas atrocidades são desprezíveis.

Os estudos sobre as condutas ofensivas à integridade física ou à saúde do corpo humano, descritos no art. 129 do Código

Penal brasileiro, foram o tema do Capítulo 2, no qual nos ocupamos, basicamente, dos arts. 129 a 137 do CP (Brasil, 1940). Ferir ou lesar a integridade física ou a saúde de outra pessoa, provocando alteração anatômica ou funcional, é a definição de lesão corporal, cujas modalidades variam de leve à lesão seguida de morte, privilegiada e qualificada pela violência doméstica.

No Capítulo 3, nos ocupamos dos arts. 138, 139 e 140 do CP (Brasil, 1940), que tratam dos crimes contra a honra. A honra está relacionada à reputação da pessoa, o bem que se busca proteger nos crimes de calúnia e difamação, e também à dignidade da pessoa, o bem atingido nos crimes de injúria.

Constrangimento ilegal, ameaça, sequestro e cárcere privado são os tipos de crime contra a liberdade individual. Esses crimes ferem a faculdade de agir ou não agir do indivíduo e foram o tema do Capítulo 4 por meio da análise dos arts. 146, 147 e 148 do CP brasileiro (Brasil, 1940).

Ao tratarmos do crime de furto, no Capítulo 5, estudamos algumas jurisprudências do Supremo Tribunal Federal com relação à questão da consumação e tentativa, bem como com relação à necessidade de perícia. Também nesse capítulo, conhecemos uma decisão do Supremo Tribunal de Justiça a respeito de apropriação indébita.

No Capítulo 6, abrimos espaço para os crimes contra a liberdade sexual, descritos entre os arts. 213 e 234 do CP (Brasil, 1940), como o estupro. Entre esses crimes, dois esbarram em questões bastante delicadas, presentes na sociedade atual: o estupro de vulnerável e a divulgação de cena de estupro, de sexo ou de pornografia. Crimes que foram impactados com o avanço das tecnologias de informação e comunicação.

A violação da fé pública, que caracteriza o crime de falso, aquela conduta que se contrapõe ao que é verdadeiro, é a característica dos crimes que estudamos no Capítulo 7. Os requisitos dos crimes de falso são a imitação da verdade, o dolo (não existe na modalidade culposa) e o dano (basta a sua potencialidade de dano).

Da mesma forma, nos capítulos 8 a 10, vimos o estudo das classificações individualizadas dos tipos penais, a identificação dos sujeitos, a verificação da forma como se dá a consumação dos delitos, bem como as respectivas tentativas (se existir essa possibilidade), objetividade jurídica, objeto material do delito etc. dos crimes contra a administração pública, praticados por funcionários públicos e por particulares contra a administração em geral e crimes contra a administração da justiça.

Alguns dos mais recentes julgamentos do Superior Tribunal de Justiça e do Supremo Tribunal Federal sobre os delitos dispostos neste livro e as novidades legislativas até abril de 2020 também foram incluídos nesta obra.

Desejamos que esta leitura seja um norte ao leitor e estudante de direito, auxiliando no enfrentamento das questões objetivas e reflexivas do direito penal.

Referências

ARAS, V. et al. **Lei anticrime comentada**. São Paulo: JH Mizuno, 2020.

AZEVEDO, M. A. de.; SALIM, A. **Direito penal**: parte especial – dos crimes contra a pessoa aos crimes contra a família. 8. ed. Salvador: Juspodivum. 2019.

BITENCOURT, C. R. **Tratado de direito penal**: parte especial. 10. ed. São Paulo: Saraiva, 2014a. v. 2.

BITENCOURT, C. R. **Tratado de direito penal**: parte especial. 10. ed. São Paulo: Saraiva, 2014b. v. 3.

BITENCOURT, C. R. **Tratado de direito penal**: parte especial. 10. ed. São Paulo: Saraiva, 2014c. v. 4.

BITENCOURT, C. R. **Tratado de direito penal**: parte especial. 10. ed. São Paulo: Saraiva, 2014d. v. 5.

BITENCOURT, C. R. **Tratado de direito penal**: parte especial. 12. ed. São Paulo: Saraiva, 2018. v. 5.

BRASIL. Constituição (1988). **Diário Oficial da União**, Brasília, DF, 5 out. 1988. Disponível em:<http://www.planalto.gov.br/ccivil_03/constituicao/constituicao.htm>. Acesso em: 30 nov. 2020.

BRASIL. Decreto-Lei n. 2.848, de 7 de dezembro de 1940. Código Penal. **Diário Oficial da União**, Poder Executivo, Rio de Janeiro, RJ, 31 dez. 1940. Disponível em: <http://www.planalto.gov.br/ccivil_03/decreto-lei/del2848compilado.htm>. Acesso em: 30 nov. 2020.

BRASIL. Decreto-Lei n. 3.689, de 3 de outubro de 1941. Código de Processo Penal. **Diário Oficial da União**, Poder Executivo, Rio de Janeiro, RJ, 13 out. 1941. Disponível em: <http://www.planalto.gov.br/ccivil_03/decreto-lei/del3689.htm>. Acesso em: 30 nov. 2020.

BRASIL. Lei n. 4.898, de 9 de dezembro de 1965. Lei de Abuso de Autoridade. **Diário Oficial da União**, Poder Legislativo, Brasília, DF, 13 dez. 1965. Disponível em: <http://www.planalto.gov.br/ccivil_03/leis/l4898.htm>. Acesso em: 30 nov. 2020.

BRASIL. Lei n. 6.001, de 19 de dezembro de 1973. Estatuto do Índio. **Diário Oficial da União**, Poder Legislativo, Brasília, DF, 19 dez. 1973. Disponível em: <http://www.planalto.gov.br/ccivil_03/Leis/L6001.htm#:~:text=LEI%20N%C2%BA%206.001%2C%20DE%2019,sobre%20o%20Estatuto%20do%20%C3%8Dndio.&text=Art.,e%20harmoniosamente%2C%20%C3%A0%20comunh%C3%A3o%20nacional>. Acesso em: 30 nov. 2020.

BRASIL. Lei n. 7.716, de 5 de janeiro de 1989. **Diário Oficial da União**, Poder Legislativo, Brasília, DF, 5 jan. 1989. Disponível em: <http://www.planalto.gov.br/ccivil_03/leis/l7716.htm >. Acesso em: 30 nov. 2020.

BRASIL. Lei n. 8.072, de 25 de julho de 1990. **Diário Oficial da União**, Poder Legislativo, Brasília, DF, 26 jul. 1990. Disponível em: <http://www.planalto.gov.br/ccivil_03/leis/l8072.htm>. Acesso em: 30 nov. 2020.

BRASIL. Lei n. 8.212, de 24 de julho de 1991. **Diário Oficial da União**, Poder Executivo, Brasília, DF, 25 jul. 1991. Disponível em: <http://www.planalto.gov.br/ccivil_03/leis/l8212cons.htm>. Acesso em: 30 nov. 2020.

BRASIL. Lei n. 9.099, de 26 de setembro de 1995. **Diário Oficial da União**, Poder Legislativo, Brasília, DF, 27 set. 1995. Disponível em: <http://www.planalto.gov.br/ccivil_03/leis/l9099.htm>. Acesso em: 30 nov. 2020.

BRASIL. Lei n. 9.503, de 23 de setembro de 1997. **Diário Oficial da União**, Poder Legislativo, Brasília, DF, 24 set. 1997. Disponível em: <http://www.planalto.gov.br/ccivil_03/leis/l9503.htm>. Acesso em: 30 nov. 2020.

BRASIL. Lei n. 9.605, de 12 de fevereiro de 1998. **Diário Oficial da União**, Poder Legislativo, Brasília, DF, 13 fev. 1998. Disponível em: <http://www.planalto.gov.br/ccivil_03/leis/l9605.htm>. Acesso em: 30 nov. 2020.

BRASIL. Lei n. 11.340, de 7 de agosto de 2006. **Diário Oficial da União**, Poder Legislativo, Brasília, DF, 8 ago. 2006. Disponível em: <http://www.planalto.gov.br/ccivil_03/_ato2004-2006/2006/lei/l11340.htm>. Acesso em: 30 nov. 2020.

BRASIL. Lei n. 12.737, de 30 de novembro de 2012. **Diário Oficial da União**, Poder Legislativo, Brasília, DF, 3 dez. 2012a. Disponível em: <http://www.planalto.gov.br/ccivil_03/_ato2011-2014/2012/lei/l12737.htm>. Acesso em: 30 nov. 2020.

BRASIL. Lei n. 12.971, de 9 de maio de 2014. **Diário Oficial da União**, Poder Legislativo, Brasília, DF, 12 maio 2014a. Disponível em: <http://www.planalto.gov.br/ccivil_03/_ato2011-2014/2014/lei/l12971.htm>. Acesso em: 30 nov. 2020.

BRASIL. Lei n. 13.104, de 9 de março de 2015. **Diário Oficial da União**, Poder Legislativo, Brasília, DF, 10 mar. 2015a. Disponível em: <http://www.planalto.gov.br/ccivil_03/_ato2015-2018/2015/lei/l13104.htm>. Acesso em: 30 nov. 2020.

BRASIL. Lei n. 13.185, de 6 de novembro de 2015. **Diário Oficial da União**, Poder Legislativo, Brasília, DF, 9 nov. 2015b. Disponível em:<http://www.planalto.gov.br/ccivil_03/_ato2015-2018/2015/lei/l13185.htm>. Acesso em: 30 nov. 2020.

BRASIL. Lei n. 13.546, de 19 de dezembro de 2017. **Diário Oficial da União**, Poder Legislativo, Brasília, DF, 20 dez. 2017a. Disponível em: <http://www.planalto.gov.br/ccivil_03/_ato2015-2018/2017/lei/L13546.htm#:~:text=Altera%20dispositivos%20da%20Lei%20n%C2%BA,na%20dire%C3%A7%C3%A3o%20de%20ve%C3%ADculos%20automotores.>. Acesso em: 30 nov. 2020.

BRASIL. Lei n. 13.654, de 23 de abril de 2018. **Diário Oficial da União**, Poder Legislativo, Brasília, DF, 24 abr. 2018a. Disponível em: <http://www.planalto.gov.br/ccivil_03/_Ato2015-2018/2018/Lei/L13654.htm>. Acesso em: 30 nov. 2020.

BRASIL. Lei n. 13.718, de 24 de setembro de 2018. **Diário Oficial da União**, Poder Legislativo, Brasília, DF, 25 set. 2018b. Disponível em: <http://www.planalto.gov.br/ccivil_03/_ato2015-2018/2018/lei/L13718.htm>. Acesso em: 30 nov. 2020.

BRASIL. Lei n. 13.869, de 5 de setembro de 2019. **Diário Oficial da União**, Poder Legislativo, Brasília, DF, 5 set. 2019a. Disponível em: <http://www.planalto.gov.br/ccivil_03/_ato2019-2022/2019/lei/L13869.htm>. Acesso em: 30 nov. 2020.

BRASIL. Lei n. 13.964, de 24 de dezembro de 2019. **Diário Oficial da União**, Poder Legislativo, Brasília, DF, 24 dez. 2019b. Disponível em: <http://www.planalto.gov.br/ccivil_03/_ato2019-2022/2019/lei/L13964.htm>. Acesso em: 30 nov. 2020.

BRASIL. Lei n. 13.968, de 26 de dezembro de 2019. **Diário Oficial da União**, Poder Legislativo, Brasília, DF, 27 dez. 2019c. Disponível em: <http://www.planalto.gov.br/ccivil_03/_Ato2019-2022/2019/Lei/L13968.htm>. Acesso em: 30 nov. 2020.

BRASIL. Superior Tribunal de Justiça. Agravo em Recurso Especial n. 1.634.367/RS (2019/0373281-6), de 13 de abril de 2020. Órgão julgador: Quinta Turma. Relator: Ministro Reynaldo Soares da Fonseca. **Diário de Justiça**, Brasília, DF, 16 abr. 2020a. Disponível em: <https://stj.jusbrasil.com.br/jurisprudencia/860055431/agravo-em-recurso-especial-aresp-1634367-rs-2019-0373281-6/decisao-monocratica-860055442?ref=juris-tabs>. Acesso em: 30 nov. 2020.

BRASIL. Superior Tribunal de Justiça. Agravo Regimental no Recurso Especial n. 1.689.349/SC (2017/0200839-6), de 23 de outubro de 2018. Relator: Ministro Reynaldo Soares da Fonseca. **Diário de Justiça**, Brasília, DF, 29 out. 2018d. Disponível em: <https://stj.jusbrasil.com.br/jurisprudencia/643422292/agrg-no-recurso-especial-agrg-no-resp-1689349-sc-2017-0200839-6/decisao-monocratica-643422310?ref=juris-tabs>. Acesso em: 30 nov. 2020.

BRASIL. Superior Tribunal de Justiça. Agravo Regimental no Recurso Especial n. 1.783.334/PB (2018/0318274-5), de 23 de novembro de 2019. Órgão julgador: Sexta turma. Relatora: Ministra Laurita Vaz. **Diário de Justiça**, Brasília, DF, 2 dez. 2019f. Disponível em: <https://stj.jusbrasil.com.br/jurisprudencia/860020748/agravo-regimental-no-recurso-especial-agrg-no-resp-1783334-pb-2018-0318274-5/inteiro-teor-860020758?ref=serp>. Acesso em: 30 nov. 2020.

BRASIL. Superior Tribunal de Justiça. Habeas Corpus n. 117.514/SP (2008/0219768-1), de 22 de novembro de 2011. Órgão julgador: Sexta turma. Relatora: Ministra Maria Thereza de Assis Moura. **Diário de Justiça Eletrônico**, Brasília, DF, 5 dez. 2011b. Disponível em: <https://stj.jusbrasil.com.br/jurisprudencia/21028666/habeas-corpus-hc-117514-sp-2008-0219768-1-stj/inteiro-teor-21028667?ref=juris-tabs>. Acesso em: 30 nov. 2020.

BRASIL. Superior Tribunal de Justiça. Habeas Corpus n. 153.728/SP (2009/0223917-8), de 13 de abril de 2010. Órgão julgador: Quinta Turma. Relator: Ministro Felix Fischer. **Diário de Justiça Eletrônico**, Brasília, DF, 31 maio 2010a. Disponível em: <https://stj.jusbrasil.com.br/jurisprudencia/19150621/habeas-corpus-hc-153728-sp-2009-0223917-8-stj?ref=serp>. Acesso em: 30 nov. 2020.

BRASIL. Superior Tribunal de Justiça. Habeas Corpus n. 160982/DF (2010/0016927-3), de 17 de maio de 2012. Órgão julgador: Quinta Turma. Relatora: Ministra Laurita Vaz. **Diário de Justiça Eletrônico**, Brasília, DF, 28 maio 2012b. Disponível em: <https://stj.jusbrasil.com.br/jurisprudencia/865717599/habeas-corpus-hc-160982-df-2010-0016927-3/inteiro-teor-865717668?ref=serp>. Acesso em: 30 nov. 2020.

BRASIL. Superior Tribunal de Justiça. Habeas Corpus n. 165.089/DF (2010/0044021-3), de 16 de outubro de 2012. Órgão julgador: Quinta Turma. Relatora: Ministra Laurita Vaz. **Diário de Justiça Eletrônico**, Brasília, DF, 23. out. 2012c. Disponível em: <https://stj.jusbrasil.com.br/jurisprudencia/22560449/habeas-corpus-hc-165089-df-2010-0044021-3-stj/inteiro-teor-22560450>. Acesso em: 30 nov. 2020.

BRASIL. Superior Tribunal de Justiça. Habeas Corpus n. 181.756/MG (2010/0146474-6), de 15 de fevereiro de 2011. Órgão julgador: Sexta turma. Relatora: Ministra Maria Thereza de Assis Moura. **Diário de Justiça Eletrônico**, Brasília, DF, 9 mar. 2011a. Disponível em: <https://stj.jusbrasil.com.br/jurisprudencia/18496211/habeas-corpus-hc-181756-mg-2010-0146474-6/inteiro-teor-18496212?ref=juris-tabs>. Acesso em: 30 nov. 2020.

BRASIL. Superior Tribunal de Justiça. Habeas Corpus n. 188.718/DF (2010/0198056-1), de 7 de fevereiro de 2012. Órgão julgador: Sexta turma. Relator: Ministro Sebastião Reis Júnior. **Diário de Justiça Eletrônico**, Brasília, DF, 21 mar. 2012d. Disponível em: <https://stj.jusbrasil.com.br/jurisprudencia/21459209/habeas-corpus-hc-188718-df-2010-0198056-1-stj/inteiro-teor-21459210?ref=juris-tabs>. Acesso em: 30 nov. 2020.

BRASIL. Superior Tribunal de Justiça. Recurso Especial n. 1.155.927/RS (2019/0190521-2), de 18 maio de 2010. Órgão julgador: Quinta Turma. Relator: Ministro Felix Fischer. **Diário de Justiça Eletrônico**, Brasília, DF, 21 jun. 2010b. Disponível em: <https://stj.jusbrasil.com.br/jurisprudencia/14609383/recurso-especial-resp-1155927-rs-2009-0190521-2/inteiro-teor-14609384?ref=serp>. Acesso em: 30 nov. 2010.

BRASIL. Superior Tribunal de Justiça. Recurso Especial n. 1.419.836/RS (2013/0387344-0), de 13 de junho de 2017. Órgão julgador: Sexta turma. Relator: Ministro Rogerio Schietti Cruz. **Diário de Justiça Eletrônico**, Brasília, DF, 23 jun. 2017c. Disponível em: <https://stj.jusbrasil.com.br/jurisprudencia/472379470/recurso-especial-resp-1419836-rs-2013-0387344-0/inteiro-teor-472379497?ref=juris-tabs>. Acesso em: 30 nov. 2020.

BRASIL. Superior Tribunal de Justiça. Recurso Especial n. 1.846.116/RS (2019/0325763-1), de 12 de dezembro de 2019. Relator: Ministro Leopoldo de Arruda Raposo. **Diário de Justiça**, Brasília, DF, 19 dez. 2019d. Disponível em: <https://stj.jusbrasil.com.br/jurisprudencia/875318465/recurso-especial-resp-1846116-rs-2019-0325763-1/decisao-monocratica-875318473?ref=juris-tabs>. Acesso em: 30 nov. 2020.

BRASIL. Superior Tribunal de Justiça. Recurso Especial n. 1.851.764/RJ (2019/0362605-5), de 5 de março de 2020. Relatora: Ministra Laurita Vaz. **Diário de Justiça**, Brasília, DF, 10 mar. 2020b. Disponível em: <https://stj.jusbrasil.com.br/jurisprudencia/862186718/recurso-especial-resp-1851764-rj-2019-0362605-5/decisao-monocratica>. Acesso em: 30 nov. 2020.

BRASIL. Superior Tribunal de Justiça. Recurso Especial n. 1.852.166/RS (2019/0363371-7), de 12 de dezembro de 2019. Relator: Ministro Leopoldo de Arruda Raposo. **Diário de Justiça**, Brasília, DF, 17 dez. 2019g. Disponível em: <https://stj.jusbrasil.com.br/jurisprudencia/875289870/recurso-especial-resp-1852166-rs-2019-0363371-7/decisao-monocratica-875289880?ref=serp>. Acesso em: 8 out. 2020.

BRASIL. Superior Tribunal de Justiça. Recurso Ordinário em Habeas Corpus n. 81.451/RJ (2017/0043808-8), de 22 de agosto de 2017. Órgão julgador: Sexta turma. Relatora: Ministra Maria Thereza de Assis Moura. **Diário de Justiça Eletrônico**, Brasília, DF, 31 ago. 2017e. Disponível em: <https://stj.jusbrasil.com.br/jurisprudencia/494384691/recurso-ordinario-em-habeas-corpus-rhc-81451-rj-2017-0043808-8/inteiro-teor-494384709?ref=juris-tabs>. Acesso em: 30 nov. 2020.

BRASIL. Superior Tribunal de Justiça. Recurso Ordinário em Habeas Corpus n. 81.735/PA (2017/0049658-0), de 17 de agosto de 2017. Órgão julgador: Quinta Turma. Relator: Ministro Reynaldo Soares da Fonseca. **Diário de Justiça**, Brasília, DF, 25 ago. 2017d. Disponível em: <https://stj.jusbrasil.com.br/jurisprudencia/492989441/recurso-ordinario-em-habeas-corpus-rhc-81735-pa-2017-0049658-0?ref=juris-tabs>. Acesso em: 30 nov. 2020.

BRASIL. Superior Tribunal de Justiça. Recurso Ordinário em Habeas Corpus n. 88.623/PB (2017/0219462-5), de 13 de março de 2018. Órgão julgador: Sexta turma. Relatora: Ministra Maria Thereza de Assis Moura. **Diário de Justiça**, Brasília, DF, 26 mar. 2018e. Disponível em: <https://stj.jusbrasil.com.br/jurisprudencia/860074146/recurso-ordinario-em-habeas-corpus-rhc-88623-pb-2017-0219462-5/inteiro-teor-860074156?ref=serp>. Acesso em: 30 nov. 2020.

BRASIL. Superior Tribunal de Justiça. Recurso Ordinário em Habeas Corpus n. 106.998/MA (2018/0345263-0), de 21 de fevereiro de 2019. Órgão julgador: Sexta turma. Relator: Ministro Rogério Schietti Cruz. **Diário de Justiça Eletrônico**, Brasília, DF, 12 mar. 2019h. Disponível em: <https://stj.jusbrasil.com.br/jurisprudencia/686383626/recurso-ordinario-em-habeas-corpus-rhc-106998-ma-2018-0345263-0/inteiro-teor-686383636?ref=juris-tabs>. Acesso em: 30 nov. 2020.

BRASIL. Superior Tribunal de Justiça. Súmula n. 96, de 3 de março de 1994. **Diário de Justiça**, Brasília, DF, 10 mar. 1994. Disponível em: <https://ww2.stj.jus.br/docs_internet/revista/eletronica/stj-revista-sumulas-2010_7_capSumula96.pdf>. Acesso em: 30 nov. 2020.

BRASIL. Superior Tribunal de Justiça. Súmula n. 582, de 16 de setembro de 2016. **Diário de Justiça Eletrônico**, Brasília, DF, 19 set. 2016a. Disponível em: <http://www.stj.jus.br/internet_docs/biblioteca/clippinglegislacao/Sumula_582_2016_Terceira_Secao.pdf>. Acesso em: 30 nov. 2020.

BRASIL. Superior Tribunal de Justiça. Súmula n. 567, de 24 de fevereiro de 2016. **Diário de Justiça Eletrônico**, Brasília, DF, 29 fev. 2016b. Disponível em: <https://scon.stj.jus.br/SCON/sumanot/toc.jsp?livre=(sumula%20adj1%20%27567%27).sub.#TIT1TEMA0>. Acesso em: 30 nov. 2020.

BRASIL. Superior Tribunal de Justiça. Súmula n. 600, de 22 de novembro de 2017. **Diário de Justiça Eletrônico**, Brasília, DF, 27 nov. 2017b. Disponível em: <https://scon.stj.jus.br/SCON/sumanot/toc.jsp?livre=(sumula%20adj1%20%27600%27).sub.#TIT1TEMA0>. Acesso em: 30 nov. 2020.

BRASIL. Supremo Tribunal Federal. **Arguição de Descumprimento de Preceito Fundamental n. 54, de 12 de abril de 2012.** Relator: Ministro Marco Aurélio. Brasília, DF, 12 abr. 2012e. Disponível em: < http://redir.stf.jus.br/paginadorpub/paginador.jsp?docTP=TP&docID=3707334>. Acesso em: 30 nov. 2020.

BRASIL. Supremo Tribunal Federal. Agravo Regimental em Habeas Corpus n. 122.766/SP (28 de outubro de 2014). Órgão julgador: Segunda Turma. Relatora: Ministra Cármen Lúcia. **Diário de Justiça Eletrônico**, Brasília, DF, 13 nov. 2014b. Disponível em: <https://stf.jusbrasil.com.br/jurisprudencia/25313187/agreg-no-habeas-corpus-hc-122766-sp-stf/inteiro-teor-151825030?ref=serp>. Acesso em: 30 nov. 2020.

BRASIL. Supremo Tribunal Federal. Habeas Corpus n. 82.605/GO, de 25 de fevereiro de 2003. Órgão julgador: Primeira Turma. Relator: Ministro Sepúlveda Pertence. **Diário de Justiça**, Brasília, DF, 11 abr. 2003. Disponível em: <https://stf.jusbrasil.com.br/jurisprudencia/14745333/habeas-corpus-hc-82605-go/inteiro-teor-103130782?ref=juris-tabs>. Acesso em: 30 nov. 2020.

BRASIL. Supremo Tribunal Federal. Habeas Corpus n. 97.057/RS, de 3 de agosto de 2010. Órgão julgador: Segunda Turma. Relator: Ministro Gilmar Mendes. **Diário de Justiça**, Brasília, DF, 3 set. 2010c. Disponível em: <https://stf.jusbrasil.com.br/jurisprudencia/15923157/habeas-corpus-hc-97057-rs/inteiro-teor-103407771?ref=juris-tabs>. Acesso em: 30 nov. 2020.

BRASIL. Supremo Tribunal Federal. Habeas Corpus n. 112.846/MG, de 2 de setembro de 2014. Órgão julgador: Primeira turma. Relator: Ministro Roberto Barroso. **Diário de Justiça Eletrônico**, Brasília, DF, 1º out. 2014c. Disponível em: <https://stf.jusbrasil.com.br/jurisprudencia/25286520/habeas-corpus-hc-112846-mg-stf/inteiro-teor-143454359?ref=serp>. Acesso em: 30 nov. 2020.

BRASIL. Supremo Tribunal Federal. Habeas Corpus n. 135.674/PE (000186-86.2016.1.00.0000), de 27 de setembro de 2016. Órgão julgador: Segunda turma. Relator: Ministro Ricardo Lewandowski. **Diário de Justiça Eletrônico**, Brasília, DF, 13 out. 2016c. Disponível em: <https://stf.jusbrasil.com.br/jurisprudencia/772432272/habeas-corpus-hc-135674-pe-pernambuco-0001886-8620161000000/inteiro-teor-772432282?ref=serp>. Acesso em: 30 nov. 2020.

BRASIL. Supremo Tribunal Federal. Recurso Extraordinário com agravo ARE n. 144.516/SC (4000093-10.2017.1.00.0000), de 22 de agosto de 2017. Órgão julgador: Segunda turma. Relatório: Ministro Dias Toffoli. **Diário de Justiça Eletrônico**, Brasília, DF, 6 fev. 2018c. Disponível em: <https://stf.jusbrasil.com.br/jurisprudencia/770046850/recurso-ordinario-em-habeas-corpus-rhc-144516-sc-santa-catarina-4000093-1020171000000?ref=serp>. Acesso em: 30 nov. 2020.

BRASIL. Supremo Tribunal Federal. Recurso Extraordinário com agravo ARE n. 1.219.961/RS, de 1º de agosto de 2019. Relator: Ministro Ricardo Lewandowski. **Diário de Justiça Eletrônico**, Brasília, DF, 6 ago. 2019e. Disponível em: <https://stf.jusbrasil.com.br/jurisprudencia/748019571/recurso-extraordinario-com-agravo-are-1219961-rs-rio-grande-do-sul?ref=serp>. Acesso em: 30 nov. 2020.

BRASIL. Supremo Tribunal Federal. Coordenadoria de Análise de Jurisprudência. AG. RG no Inquérito n. 2.537-2/GO, de 10 de março de 2008. Relator: Ministro Marco Aurélio. **Diário de Justiça Eletrônico**, Brasília, DF, 13 jun. 2008. Disponível em: <http://redir.stf.jus.br/paginadorpub/paginador.jsp?docTP=AC&docID=533745>. Acesso em: 30 nov. 2020.

CUNHA, R. S. **Manual de direito penal**: parte especial. 11. ed. Salvador: Juspodivum, 2019.

CUNHA, R. S. **Pacote anticrime**. Salvador: Juspodivum, 2020.

GRECO, R. **Curso de direito penal**: parte especial. 12. ed. Niterói: Impetus, 2015a. v. II.

GRECO, R. **Curso de direito penal**: parte especial. 12. ed. Niterói: Impetus, 2015b. v. III.

GRECO, R. **Curso de direito penal**: parte especial. 12. ed. Niterói: Impetus, 2015c. v. IV.

GRECO, R. **Direito penal estruturado**. Rio de Janeiro: Forense; São Paulo: Método, 2019.

MASSON, C. **Direito penal**: parte especial. 13. ed. São Paulo: Gen; Método, 2020. v. 2.

MASSON, C. **Direito penal**: parte especial. 6. ed. São Paulo: Gen; Método, 2014a. v. 2.

MASSON, C. **Direito penal:** parte especial. 6. ed. São Paulo: Gen; Método, 2014b. v. 3.

PRADO, L. R. **Curso de direito penal brasileiro:** parte geral e parte especial. 18. ed. Rio de Janeiro: Forense, 2020.

PRADO, L. R.; CARVALHO, É. M. de; CARVALHO, G. M. de. **Curso de direito penal brasileiro.** 13. ed. São Paulo: Revista dos Tribunais, 2014.

RIO GRANDE DO SUL. Tribunal de Justiça. ACR n. 70057543290/RS, de 9 de abril de 2014. Órgão Julgador: Oitava Câmara Criminal. Relatora: Fabianne Breton Baisch. **Diário de Justiça,** 3 jun. 2014. Disponível em: <https://tj-rs.jusbrasil.com.br/jurisprudencia/122375960/apelacao-crime-acr-70057543290-rs/inteiro-teor-122375965>. Acesso em: 30 nov. 2020.

ROXIN, C. **Estudos de direito penal.** Tradução de Luís Greco. 2. ed. Rio de Janeiro: Renovar, 2008.Referências

Sobre a autora

Carla Juliana Tortato é mestre em Teoria e História da Jurisdição pelo Centro Universitário Internacional Uninter (2020). É também especialista em Direito e Processo Penal pela Academia Brasileira de Direito Constitucional – ABDCONST (2016) e graduada em Direito pela Pontifícia Universidade Católica do Paraná – PUCPR (2010). É professora de Direito Penal e Processo Penal e vice-presidente da Comissão do Tribunal do Júri da Associação Nacional dos Advogados Criminalistas, seção Paraná (Anacrim/PR) ANACRIM/PR. Com experiência em Direito, com ênfase em Direito Processual, atua, principalmente, nos seguintes temas: Tribunal do Júri e Garantias Fundamentais do Processo. Colunista sobre Tribunal do Júri e Processo Penal no site Sala Criminal.

Impressão:
Dezembro/2020